国家出版基金项目
NATIONAL PUBLICATION FOUNDATION

"十三五"国家重点出版物出版规划项目

神鸟后裔

中国史前遗址博物馆

ZHONGGUO SHIQIAN YIZHI BOWUGUAN SHENNIAOHOUYI XINLE JUAN

新乐卷

丛书主编 王仁湘 吴健 张礼智

本册主编 陆海英

陕西新华出版传媒集团
陕西科学技术出版社
——西安——

图书在版编目（CIP）数据

神鸟后裔：新乐卷 / 陆海英主编 . —西安：陕西科学技术出版社， 2020.9（2021.1 重印）
（中国史前遗址博物馆）
ISBN 978-7-5369-7749-5

Ⅰ . ①神 ... Ⅱ . ①陆 ... Ⅲ . ①新石器时代文化－文化遗址－研究－沈阳 Ⅳ . ① K878.04

中国版本图书馆 CIP 数据核字（2020）第 070313 号

中国史前遗址博物馆 神鸟后裔 新乐卷

陆海英 主编

出版人 崔 斌
策划编辑 李 栋
责任编辑 赵文欣 焦 洁
责任校对 赵爱玲
封面设计 曾 珂
监 制 张一骏

出版者 陕西新华出版传媒集团 陕西科学技术出版社
西安市曲江新区登高路 1388 号陕西新华出版传媒产业大厦 B 座
电话（029）81205187 传真（029）81205155 邮编 710061
http://www.snstp.com
发行者 陕西新华出版传媒集团 陕西科学技术出版社
电话（029）81205180 81206809
印 刷 陕西金和印务有限公司
规 格 889mm×1194mm 16 开
印 张 7.75
字 数 139 千
版 次 2020 年 9 月第 1 版
印 次 2021 年 1 月第 2 次印刷
书 号 ISBN 978-7-5369-7749-5
定 价 108.00 元

序

文物是人类在历史发展过程中遗留下来的遗物、遗迹。它是人类宝贵的历史文化遗产，是反映各个历史时期、不同地域人们的生产和生活，包括衣食住行、婚丧嫁娶、祈福祭祀、与外界的互动，乃至内心活动等物质和精神生活的表现，在制造和使用的当时起着活生生的作用，但是一旦埋入地下便成了一件件死物。在地下沉寂若干岁月后，这些文物一旦被人们发现，再经考古工作者发掘、整理和研究，便立刻恢复生机，生动地展现其活生生的一面，帮助人们了解其被制造和使用的情况、当时的社会和自然环境，以及人们的社会生活、日常起居等方方面面的鲜活细节。将若干有联系的遗址的文物联系起来，就能复原各种文化现象的起源、发展、变化、转型、交流乃至消亡的过程和其中的历史规律。文物便发扬出“人气”，起到了“由物到人”的作用。但是，此时文物的作用范围还局限于学术圈内，影响有限。

文物一旦作为展品通过博物馆进入观众的视野，其影响面便得以扩大，通过说明词和讲解员的生动讲述，一件件文物所体现的历史内涵组成一幅幅生动的历史画面，增长观众的知识，启迪有心人的思想，对他们为人处世的态度和原则，乃至人生观和世界观的形成就会起到或大或小的作用，此时的文物更显得生机盎然，其对现实社会的重要性更加得以凸显。

现今，我国大多数人们生活小康乃至富裕，有条件参观许多博物馆，但是毕竟很难在短时间内遍历众多遗址。中国博物馆协会史前遗址博物馆专业委员会组织编写的《中国史前遗址博物馆》丛书，汇集了全国诸多重要史前遗址博物馆丰富的馆藏资料，用通俗易懂的文字，将各遗址的发现、发掘过程，各博物馆的历史沿革和发展历程娓娓道来，还将各遗址的遗迹和出土文物以及其他展品以图文并茂的方式生动地还原出来，以展现我国先民的物质生活和精神生活，引领读者走进尘封已久的岁月，感受我中华文化的深厚。

值此丛书即将付梓之时，西安半坡博物馆张礼智馆长嘱我为之作序。我虽俗务缠身，不能遍读样稿，但希望、也相信本丛书能帮助众多文物为更广大的人民大众展现它们的活力，有益于提高人民大众的家国情怀、文化自信，使其建立唯物主义的历史观和世界观，故勉力作序如上，供读者参考。

中国科学院院士　吴新智

2018年1月3日

陪你穿越到史前

人类的历史，可以分作史前史和文明史两个阶段。文明史并不难理解，它是人类有确切记载的历史。很多人也许并不很了解史前史的概念，史前的要义是指文明史之前的人类历史，是没有记载的远古历史，从人类诞生起，到有记述的历史止，便是史前史。

曾经有人将地球的 45 亿年的历史压缩成 1 天，计算出晚上 11 点时，恐龙慢悠悠地登上舞台，支配世界也只有半个多小时。午夜前 20 分钟，哺乳动物的时代开启，人类在午夜前 1 分钟出现，而文明史不过是几秒钟的时长而已。我们要说的史前史，也就是那么 1 分钟。

文明起源在时间上最早不过 8000 年前，这只占人类史的 1%都不到，如果将人类起源后的 300 万年全史压缩成 1 天，也就差不多是 2 分多钟。而且，关于人类起源的历史上限还在往前提，这个 2 分多钟的文明史基本可以忽略不计。那么，整个 300 多万年甚至更长的史前史，经历了一个怎样的发展过程呢？

这个过程经历了——

人类诞生与进化，从猿到人，经历猿人类、原始人类、智人类、现代人类 4 个进化阶段。

人类社会产生与发展，由婚姻组成家庭，由氏族社会进入等级社会。

人类发明了用火和造火技术，由吃生食转变到吃熟食。

逐渐掌握制作工具技术，经历了旧石器时代和新石器时代。

发明农业种植和家畜饲养业，从采集游猎经济转入农业和畜牧经济。

发明建筑技术，由自然洞穴居所进入人工建筑居所，由时常迁徙进入定居生活。

因血缘氏族形成聚落，又因部落联盟筑城而居。城邑居民因产业出现分工，因贫富形成等级，因社会复杂化导致邦国建立，千城星罗，万邦林立。

逐渐形成埋葬死者的墓葬制度，信仰祖先神崇拜，这是史前造神运动的开始。

发明制陶技术，提升了烹调水准。发明煮盐，有了基本的调味品，促进了体格健康。发明酿酒技术，主要用于祭祀仪式。

艺术由萌芽到发展，刻画和雕塑艺术渐趋成熟，彩陶奠定了史前至历史时期的艺术传统，这是由造神运动掀起的艺术浪潮。

琢玉由装饰器转向礼器制作，将造神运动推向又一个高潮，这是东方独有的文化传统。

中心城邑出现，宏大的治水工程见诸实施，建构起初级国家管理机构。

最后，人类终于走出混沌，文明诞生，王权与神权结合，国家出现。

我们所知的中国史前时代，也许只是大略知道旧石器时代和新石器时代，不知道还有这样丰富的内容，不知道还有如此久远的历史。

如此久远的年代，我们如何了解它？

古代的先贤，也曾考究过这古老而漫长的时代，并留下了一些神话与传说，三皇，五帝，便是那个传说时代的主人。对于史前更多的细节，那时代真实的面貌，他们不可能有真切的了解。

我们当然不能总是陶醉在传说时代，内心希望有真凭实据来说话。

现在我们不必着急了，有考古学家做向导，他们可以带我们穿越到史前。我们可以直接进入智人居住过的洞穴，可以直接进入新石器时代居民的废墟，可以发现史前真实存在过的许多场景与细节。

虽然年代如此久远，但那也是一个看得见摸得着的时代。考古学家通过考古发掘，发现了一个个史前遗址，那是史前先民生活过的地方。这遗址上保存着先民的创造，石器陶器依然那样精致。大大小小的茅屋，深深浅浅的火塘，似乎还有袅袅飘起的炊烟。排列整齐的墓穴，各种各样的随葬品，似乎隆重的葬仪刚刚结束。在遗址里我们可以发现史前人的所作所为、所思所想，甚至还可以从他们留下来的艺术品中，揣摩先祖们当初的情怀与梦想，还有对宇宙的观察与理解。

考古学家将丰富的史前文化遗存揭示出来，将一些重要的遗址保护起来，兴建遗址博物馆向公众展示这些发现，兴建遗址公园供公众访古游览。在中国，目前这样的博物馆已经建起 20 多座，数量还在逐年增加。

这些史前遗址博物馆各有特色，有旧石器和新石器的时代区别，也有南北地域的不同。有的是城址，有的是大型居址，也有的是墓地。在建设遗址博物馆的同时，有的还建成了国家考古遗址公园。

例如属于旧石器时代及古人类遗址的博物馆，有北京周口店北京人遗址博物馆、南京直立人遗址博物馆，还有柳州白莲洞洞穴科学博物馆。

属于新石器时代仰韶文化的博物馆，有陕西西安半坡博物馆、宝鸡北首岭博物馆、河南渑池仰韶文化博物馆和郑州大河村遗址博物馆。

东北区域有辽宁沈阳新乐遗址博物馆、阜新市查海遗址博物馆、凌源牛河梁红山文化遗址博物馆、内蒙古敖汉旗红山文化博物馆。

各地属于新石器早中期的遗址博物馆有广西桂林甑皮岩遗址博物馆、浙江萧山跨湖桥遗址博物馆、余姚市河姆渡遗址博物馆和甘肃秦安大地湾遗址博物馆。

属于新石器时代晚期的遗址博物馆有杭州良渚博物院、济南城子崖遗址博物馆、青海乐都柳湾彩陶博物馆、民和喇家遗址博物馆和福建昙石山遗址博物馆。

这样多的史前遗址，这样多的遗址博物馆与遗址公园，对于大多数人来说，都走上一遍是不太可能的。但是，我们现在有了这样一套《中国史前遗址博物馆》丛书，便可以弥补这个缺憾：你暂时走不到的博物馆，在丛书中可以读到；你也可以先由丛书寻找出你感兴趣的博物馆，有目标、有选择地去参观游览。

这套丛书的编写和出版，充分考虑到读者的需求，资料科学可靠，文字比较平实，印制也很精美。这套丛书，一册就是一位导游，也是极好的导览。或者可以说，这套丛书就是一张张请柬，就是一个个约定，邀你一起穿越到久远的史前，去探访先人居住过的地方，去历史长河的源头观赏一道道神秘的风景。

每走进一座史前遗址博物馆，相信你都会有不一样的收获。每一座博物馆，都有不一样的风景。当你从一座座史前遗址博物馆出来时，一定会对过去了然于胸，对现在信心倍增，对未来有更多期待。

就这样约定了，让我们一起走进史前遗址博物馆，去见识那久远的岁月，去会一会史前先民。

中国社会科学院考古研究所研究员　王仁湘

2018 年春节于北京

又见新乐·神鸟后裔

第一次去沈阳，第一次去看新乐遗址，都是在 1985 年。那时的沈阳和全国其他城市一样，还处于改革开放初期，城市建设和交通条件远非今日可以想象。我一边问路，一边向沈阳市北郊摸索而去。到了地方才知道，虽然已经开放，却仍然称作新乐遗址文物管理所，第二年才更名为沈阳新乐遗址博物馆。展厅面积不大，但是展出的斜口器、深腹筒形罐给我留下了很深的印象，而展厅建筑外形寓意半地穴史前房屋的结构，让我这个刚刚踏入文博之门就在西安半坡博物馆工作的年轻人感到很亲切。

时光飞逝，转眼已经 30 多年过去了。博物馆和全国各行各业一样，也发生了巨大的变化。作为博物馆大家庭中的一个类别，史前遗址博物馆获得了飞速的发展，取得了令人惊艳的成就。中国博物馆协会史前遗址博物馆专业委员会决定编辑《中国史前遗址博物馆》丛书，其意即在系统总结、体现这一发展盛况。

沈阳新乐遗址博物馆组织编写的《神鸟后裔·新乐卷》作为该丛书第二辑的组成部分已经完稿，主编陆海英馆长嘱我为序，这使我汗颜。严格说来，我是没有资格写这样的序的。但是，考虑到我曾在中国第一个新石器时代遗址博物馆工作了 20 年，也目睹了中国史前遗址博物馆发展壮大的过程，对新乐遗址发现、沈阳新乐遗址博物馆建设及发展做一次回顾，也是极有意义的事情，故而乐意为之。

新乐遗址发现于 1972 年，经过数次发掘，确定了这一遗址存在着 3 个时期的文化堆积，分别是新乐文化、偏堡文化和青铜时代的新乐上层文化。新乐遗址的发现与文化堆积的认定，较早地建立了沈阳地区及辽河下游从新石器时代到青铜时代的考古学文化序列。1980 年召开的新乐遗址发现座谈会上，与会专家学者一致同意以“新乐文化”为其文化命名，由此标志着一个新的考古学文化的诞生。

数十年的考古成果已经验证了遗址文化堆积的丰富性。至今，遗址下层已发现半地穴式房屋居住址 50 座，清理发掘的房址 38 座，从房址分布的规律来分析，遗址及周边一定尚有未被发现的房址存在。结合出土文物的分析可以断定，这是一处具备规模的新石器时代聚落，可以说是沈阳最早的村庄。该“村庄”的主人——“新乐人”已经掌握了这一时期人类生存和生活的技能（遗址中出土的遗物可以佐证）。遗址下层出土有陶器，均为手制，以夹砂红褐陶、夹砂红陶为主，器型有深腹筒形罐、高足钵、斜口器等，大部分器形规整。陶器多以压印“之”字纹和压印弦纹为装饰，也有部分为刺划纹，大部分陶器通体施纹。出土的石器包括打制石器、磨制石器，以打制石器数量为多，种类丰富，其中有石铲、敲砸器、砍砸器、刮削器、网坠等，也有石斧、石磨盘、石磨棒、砺石、石球、石泡等。值得一提的是，遗址内还出土了数量众多的以石叶、石镞为主的典型的细石器，特点明显。遗址中还出土了为数不多的玉器，以小玉斧形器、雕刻器、玉串珠为代表；数量众多的煤精制品，以球形、泡形、耳珰形器为主，也有骨针、骨簪等，共计出土文物 3000 余件。尤其值得一提的是，遗址中出土了碳化木雕艺术品，也称为碳化鸟形木雕，引起了考古工作者的诸多推测，并被现代的城市建设者们引用为艺术设计的元素。

从考古发掘资料分析，新乐文化属于新石器中晚期渔猎与农业文化类型，其生产力水平较旧石器及新石器早期得到了较大的发展，新乐先民已开始农业的种植。从出土的生产工具石铲、敲砸器、砍砸器等可以判断，原始新乐人的农业处在“刀耕火种”的原始农业初级阶段，而主要的谷类食物来源于采集。新乐遗址出土了碳化的谷物，经鉴别为黍，证明中国人种植黍的历史已有 7000 年。比邻古浑河而居的地理条件，为新乐人创造了原始渔猎的机会，使其猎取水族、鸟类、中小型食草类动物等来补充粮食生产的不足成为可能。房屋居住址的发现，证明新乐人已开始了基本定居的生活，开始了具有一定艺术水平的带有简单纹饰的陶器制作；出土的煤精制品和石墨等，说明了新乐先民们已经开始了原始的艺术创作。特别是碳化木雕艺术品的出土，证明他们具备了相当高的艺术设计与制作能力。

偏堡文化类型遗物出土不多，以夹滑石黑陶罐、划斜线纹深腹罐等为主。新乐上层文化依据 1973 年遗址内发现的青铜时代文化遗迹、遗物定名，出土有磨制石器，主要为石斧、石刀、石镞等；陶器以素面三足鼎、鬲以及甗、甑等为主。发现了居住房屋遗迹和墓葬。新乐遗址发现后几十年里，沈阳区域内不断发现了新乐上层文化类型的遗迹，这说明，在青铜时代，新乐上层文化已经是一个比较成熟的考古学文化。

1986 年，沈阳新乐遗址博物馆建成并对外开放。经过多年的不断改造，遗址区及其出土的 3 个文化层的文物全部对观众开放，新乐遗址以及以其为主要载体的新乐文化通过博物馆的陈列、研究成果发表等得以传播，遗址及博物馆在东北地区乃至全国的影响越来越广泛。

新乐遗址位于沈阳城市北部的高台地上，古浑河的北岸，这里是这座城市的制高点。7000 多年前，这里曾树木茂密，水草丰美，滚滚的河水从台地下面流过，择善而居的“新乐人”把家园选在了这里，他们在此生活并与自然搏斗、抗争，努力地生存和繁衍，创造了令人惊异的史前文明，为这座城市的历史文化写上了重要的一笔。

沧海桑田。今天，这里早已是喧嚣而繁华的都市一隅。1985 年之后，因为工作的关系，我已经不止一次地拜会新乐遗址，每次站在遗址的边缘，望着车水马龙的街路和匆匆走过的人群，不禁想：有多少人知道，遗址对于这座城市意味着什么？这张城市的文化名片是否被大家所关注、认知？我想，我的同行——沈阳新乐遗址博物馆的工作人员想的是同样的问题，呈现在观众面前的这本《神鸟后裔·新乐卷》就是沈阳新乐遗址博物馆同仁们的努力之一。

感谢新乐遗址，感谢沈阳新乐遗址博物馆。

谨此。

张礼智

2019 年 11 月 4 日

目　录

contents

第一章 史前景观

新乐遗址位于沈阳市皇姑区黄河北大街龙山路北侧、新开河以北的高台地上，是一处新石器时代母系氏族聚落遗址。遗址面积达17.8万平方米，中心区域为2.25万平方米。新乐遗址的发现，将沈阳地区有人类活动的历史推溯到7200年前，使之成为沈阳最早的村落遗址和历史文化的源头，也为辽沈地区史前考古学文化序列的建立提供了极其重要的科学资料。

偶然发现

在岁月的流转中，在历史的长河里，人类总能创造一些奇迹。新乐遗址的发现就是一个很好的证明。一次偶然的邂逅，把沈阳地区有人类活动的历史推溯到了7200年前。因其具有独特的文化内涵，能明确地与周围诸文化类型区别开来，并有一定的分布区域，已完全形成一种新的文化类型，专家论证后将其命名为“新乐文化”。

新乐遗址作为沈阳历史文化的源头，不仅见证了沈阳的远古历史文化，也是中国远古文化的又一见证。过去人们常把长江、黄河流域作为祖国文化的摇篮，视之为中华文化的发源地，新乐遗址的发现则见证了相同时期辽河流域同样有着人类文明的存在，证明了中国远古文化是多元的、丰富的。新乐遗址作为祖国远古文化的见证，将永载史册。

地理环境与位置

新乐遗址位于沈阳市皇姑区，黄河北大街以西，原属于洪区北陵乡砂河子大队，现为皇姑区北陵街道办事处管辖。

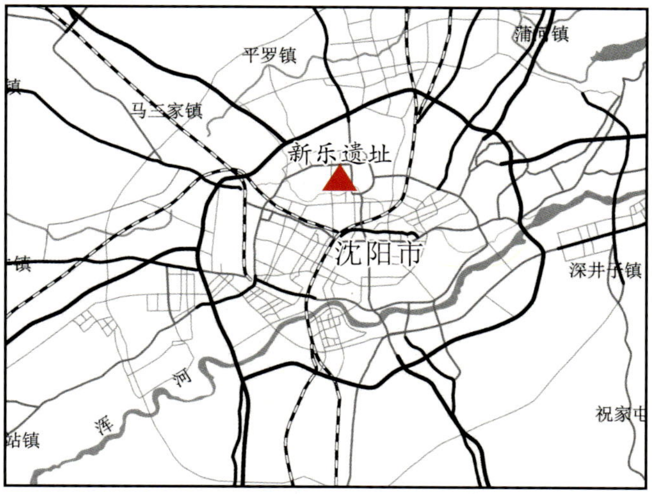

新乐遗址位置图

沈阳市区北部有一条自东向西宛转曲折的黄土台地，由东陵丘陵起，经东山嘴子、望花、北陵、新乐、塔湾，西至丁香屯大转湾，东高西低。台地的南侧，由东陵陵寝前的月牙湖起，经过沈阳市区，至大转湾西部，多是由砂砾堆积形成的河床地带，为浑河古河道流经形成。新乐遗址依浑河古河道右岸第一台地之上，高程为 49.6 米，相对高度 5 ～ 10 米。台地南面的沈浦灌区总干渠是近代开凿，又称新开河，现称北运河，新开河利用了浑河古道，在浑河古道右岸，分布有许多古代遗址，新乐遗址是诸多遗址中的一个，经过多次考古发掘，已于 1986 年建成了遗址博物馆。

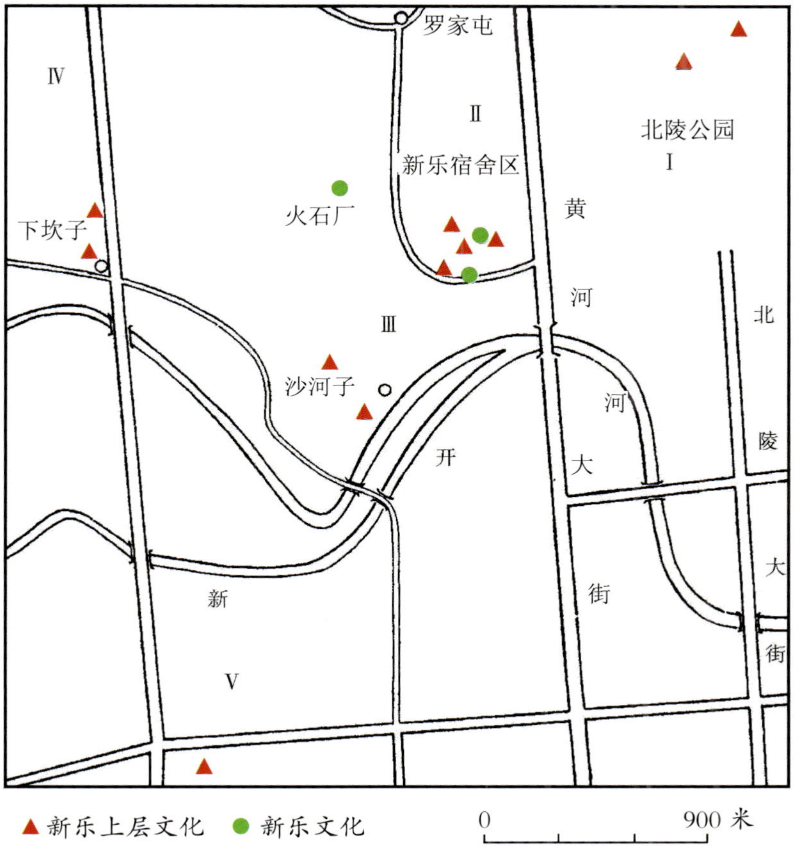

北陵附近地区新乐遗址分布图

新乐文化和新乐上层文化是在新乐遗址发现并命名的两个考古学文化，分别代表了沈阳地区新石器时代和青铜时代文化。特别是新乐文化，距今已有 7200 多年，现已发现有大、中、小形式不同的半地穴居住址 50 座，分布有序，遗物丰富，文化面貌独特，在新石器时代考古文化中占有重要地位。

不经意间的邂逅

说到新乐遗址的发现，一定要提到孟方平老先生，他是原沈阳市于洪区北陵乡的水稻技术员。1972 年的一天，孟方平同志在沈阳故宫办事，偶然间听到考古人员对文物保护方面的宣传，马上想到在北陵乡院内挖沟时发现的破陶罐等物，遂将自己收藏的部分物品送交到有关部门，经鉴定都属于新石器时代晚期的文物。其后，北陵乡在挖暖气沟时，又发现一环形石锤、一石杵及红烧土、陶片等文物。孟方平同志及时向考古部门报告，考古人员立即赶到现场勘查，在积土中捡出两片仅指甲盖大小的篦纹陶片，并说明这一篦纹陶片可能比之前发现的两件石器的年代更早。

孟方平同志开始对地层中的文化遗物和文物考古有了更加浓厚的兴趣，并于 1972 年冬至 1973 年春，利用业余时间和到基层指导工作之便，普查了全乡及临近地带的古文化遗存，发现了多处新石器时代至秦汉时期的遗迹、遗物。同时，他还在新乐电工厂宿舍院内旧房基的土层中和火石厂，以及军区医学研究所院内等地区，发现了较早的 5 处文化遗存，并把这些发现和采集的文物标本向文管部门做了全面汇报。

1973 年春，沈阳市文管办为进一步查清孟方平同志发现的这些遗址的性质和文化内涵，专门组成考察队，对几个遗址地点进行了认真的复查。当复查至新乐电工厂宿舍院内十八间房西山墙外一处被拆除的旧仓房的地基时，孟方平同志介绍说，在这里最深的土层里还曾发现过“煤”（后经验证属于煤精制品）。考查队全体人员对这一被拆除的地基土层断面全面分析后认定，这是一处文化堆积较厚的文化层，可能是史前文化遗址的重要地区。

煤精

煤精是一种高级煤，又称煤玉。具有明亮的沥青、金属光泽，黑色，质地细密、坚韧，没有纹路，比一般煤轻，常夹于煤层之间。煤精工艺价值极高，可用于制作工艺美术品、雕刻工艺品和装饰品，故有人称它为雕刻漆煤。

可以说，新乐遗址发掘地点的最后确定及邻近地区古文化分布状况，以及新乐遗址的发现，如果没有孟方平同志最初提供的重要线索是难以成立的，孟方平同志对于新乐遗址的发现功不可没。

划时代的意义

新乐遗址的发现，把沈阳地区有人类活动的历史追溯到了 7200 年前。同时，为东北地区史前文化研究提供了重要的科学资料，在国内外引起了强烈的反响。

1985 年，时任全国人大副委员长的周谷城先生来到沈阳新乐遗址博物馆参观并题词：“既究开人之际，又讲生态平衡，扩大历史领域，考古学者有功。”1986 年，著名考古学家苏秉琦先生参观沈阳新乐遗址博物馆时题词称赞：“有特色、有水平。”1988 年，曾任国务院副总理的谷牧同志在视察新乐遗址后题词：“保护文物、鉴古知今。”1998 年，时任全国政协副主席的叶选平同志参观视察遗址后题词：“研究古文化，建设新沈阳。”有的专家学者在题词中高度评价新乐遗址的发现是“国史生辉”“中华民族国粹”“考古之粹”……

来自美国、苏联、日本、加拿大、韩国、泰国、新加坡等国家的专家学者纷纷到新乐遗址参观考察，对新乐遗址的发现都给予了很高的评价。学术交流不分国界，20 世纪 80 年

1988 年，原文化部部长朱穆之同志
视察沈阳新乐遗址博物馆后题词

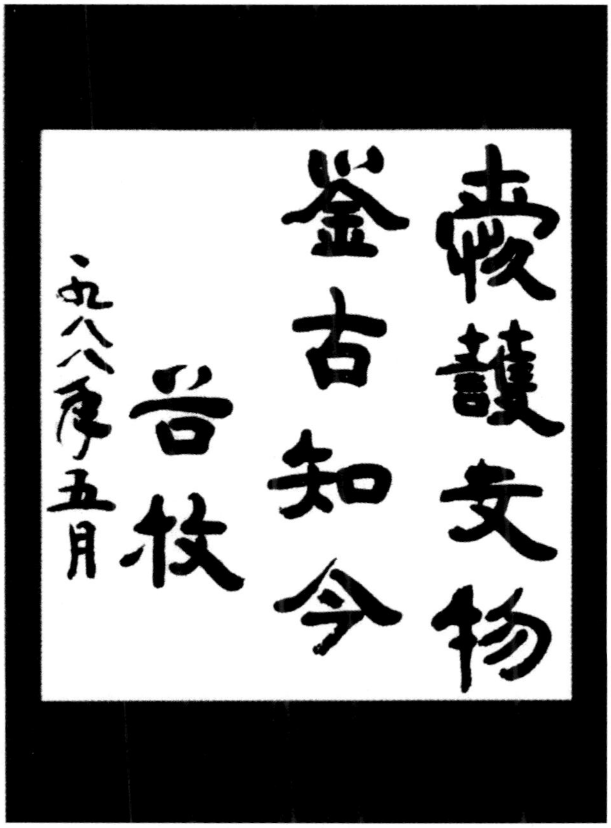

谷牧同志视察新乐遗址后题词

代以来，先后有日本、美国、利比亚等国家的学者来新乐考察。其中，日本东京大学、九州大学、别府大学等代表团，先后十几次来到这里。他们认为，新乐文化是开天辟地的发现，并祝贺新乐文化取得的研究成果。美国张光直教授的学生顾达鲁（美国人），毕业论文答辩的题目就是《新乐文化》。新乐文化的研究已远远跨越国界，被国外学术界承认，这些都是我们中华民族的骄傲。

永恒的记载

为了进一步确定新乐遗址的历史价值和学术研究地位，辽宁省考古、博物馆学会、沈阳市文管办于1982年7月5～8日，在沈阳联合组织召开了“新乐遗址学术讨论会”。参加这次会议的有京、津、陕、冀、吉及辽宁省内各地市的专家、教授和考古工作者60余人。与会的专家学者、教授以极大的兴趣参观了新乐遗址出土的文物和遗址现场，并就此展开了热烈的讨论。

北京大学副教授李仰松先生指出：“新乐遗址的下层文化，是辽宁目前最早的新石器时代遗存，根据考古学文化的命名原则，称为‘新乐文化’。其位置正好坐落在市区内，这里自然条件优美，交通方便，建议成立‘沈阳新乐遗址博物馆’，将发掘的遗迹、遗物就地展出，以教育子孙后代是有深远意义的。”

锦州博物馆副研究员刘谦先生说：“新乐的定名很有趣，沈阳在辽代曾叫‘乐郊’，这次发现了新乐遗址叫作新乐，这个遗址的发现，确实是一种‘新乐’。”

首届新乐遗址学术讨论会参会人员合影

学术讨论会上与会者一致认为：新乐遗址中的新乐文化，具有独特的文化内涵，能明确地与周围诸文化类型区别开来，并有一定的分布区域，已形成了一种新的文化类型，将其定名为“新乐文化”完全符合考古学定名原则。

考古文化的命名原则以夏鼐先生的观点最有代表性。夏鼐先生当时提出了一个成熟的考古学文化命名的条件，主要有以下3条：

第一，一种文化必须有一群的特征。

第二，同一类型的遗址最好发现不止一处。

第三，必须对这一文化的内容有相当充分的认识。

这便是学者们常说的考古学文化命名的“三原则”。由于夏鼐先生的提议，中国考古学文化命名的原则，大体采纳了柴尔德的观点，是以一群具有明确特征、经常伴出的类型品作为区分考古学文化的标志。而最终命名的确定，正如夏鼐先生所说：考古学“文化的名称如何命名，似乎可以采用最通行的办法，便是以第一次发现的典型遗迹（不论是一个墓地或居住遗址）的小地名为名”。我们可以将这个说法归纳为下面的第四个命名条件：

第四，以首次发现的典型遗址的小地名命名。

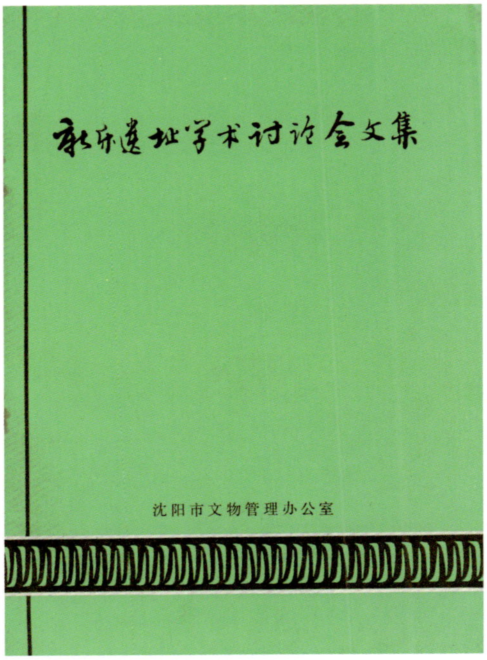

首届新乐遗址学术研讨会文集

封存开启

新乐遗址自 1972 年发现以来，经数年的调查、勘查、抢救发掘及正式发掘，总计发现新乐文化房址 50 座，清理发掘的房址 38 座。其中重点保护区内发现房址 33 座，经发掘清理的房址 26 座，局部清理 2 座。

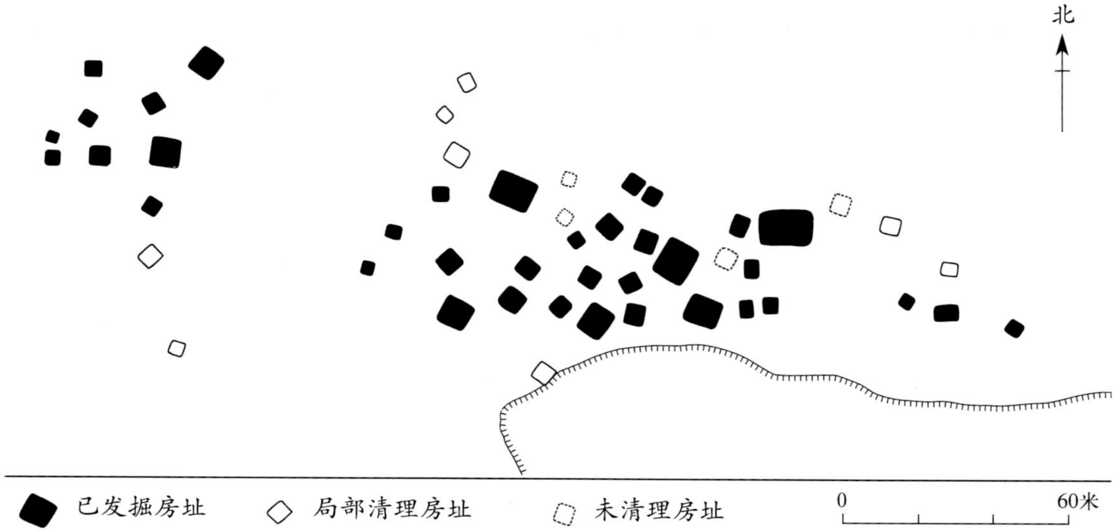

新乐遗址遗迹总平面图

新乐遗址是以新乐文化为主要遗存的新石器时代聚落遗址，其中新乐文化房址遗迹分布在东西长约 330 米、南北宽约 130 米的范围内。因受发掘时间限制，已经发现有编号而未能清理的房址 2 座，另有经确认是房址而未编号的房址 4 座。西区发现房址 11 座，经发掘清理的房址 9 座，局部清理 2 座；东区发现房址 5 座，清理 3 座，局部清理 2 座。

脱颖而出，一鸣惊人

20 世纪 70 年代，新乐遗址的发掘是沈阳远古文明的千年见证。在考古调查的基础上，为了进一步查清新乐地区文化地层关系及文化内涵，在得到上级主管部门批准后，沈阳市文管办在北陵乡党委、新乐电工厂党委的大力支持下，决定将新乐宿舍主楼东南的 18 间平房的西山墙的西侧作为第一试掘点。

1973 年 10 月 15 日，试掘工作如火如荼地展开了。试掘中，考古人员首先将被拆除的建筑地基坑做试点，开探沟，在探沟内不仅发现了近 2 米厚的文化堆积，而且在最底部还发现了火膛遗迹，这一发现使大家都十分兴奋。因为火膛的存在，表明这一带一定有居住址。于是，他们又在试点探沟的侧面开探方，并严格按照考古发掘程序层层下掘。在掘至距地表深 1 米左右时，惊喜地发现了 1 处房址遗迹（1 号房址）。在这次近 300 平方米的发掘中，不仅取得了宝贵的发掘经验，而且也得到了重要的收获。

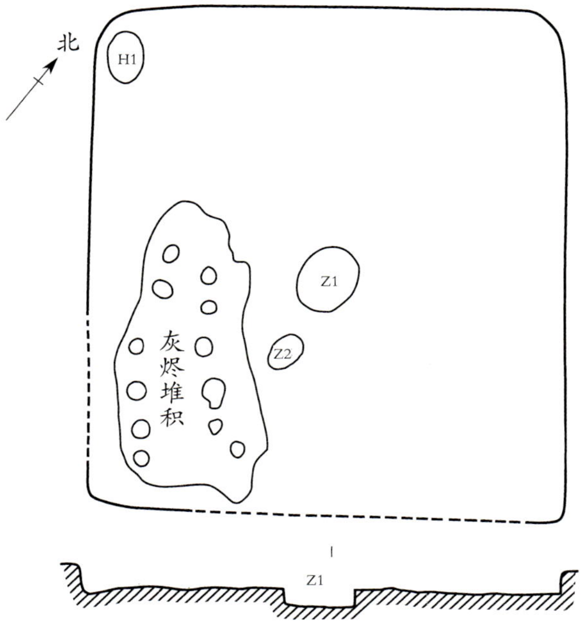

1 号房址平剖图

把发掘区划分为若干个相等的正方格，以方格为单位，分工发掘。这些正方格叫“探方”。

遗址发掘

经过近半个月的发掘，第一次确定了沈阳地区早期文化遗存中的上下两层文化堆积——新乐文化和新乐上层文化，分别代表了沈阳地区新石器时代和青铜时代。并在新乐上层文化中，发现了陶器和石器。新乐文化层中，主要是居住址和房址内出土的各类遗物。其中，陶器占 90% 以上，另外还有石器和煤精制品。

从第一次发掘结果可以看出，新乐文化不论在文化特征还是年代上，都在沈阳地区历史、考古学文化研究中占有独特的领先地位，并把沈阳地区史前文化的研究推向了一个崭新的阶段，更使辽沈地区在史前文化研究上有了重大的历史性突破。

锦上添花，交相辉映

第一次发掘的惊人收获，既鼓舞了人心，同时也为第二次发掘奠定了基础。1977 年入冬前，石磨盘残块被发现。在清理过程中，考古人员在磨盘的下面看到有烧得很硬的烧土面（这是史前社会人类居住时常有的迹象），大家十分惊喜，断定这又是一处新乐文化下层房址。

1978 年对此房址（2 号房址）进行正式发掘。在发掘中，将一座面积约 96 平方米的大型房址的平面开口线完全查清和暴露出来。经过两个阶段近 4 个月的认真清理发掘，沈阳地区有史以来最大的原始建筑，逐渐露出了它本来的面目。

如果说如此巨大的史前房址的发现使人感到震惊，那么在 2 号房址中出土的各类精美的史前遗物更加令人感到震撼。在这次发掘中，共获得陶器、石器、玉器、骨器、碳化谷物、碳化木雕艺术品、碳化果壳、煤精制品、赤铁矿石、石墨等 540 余件遗物。其中，木雕艺术品的出土价值尤为突出，其精美程度让人叹为观止。

陶器出土现场

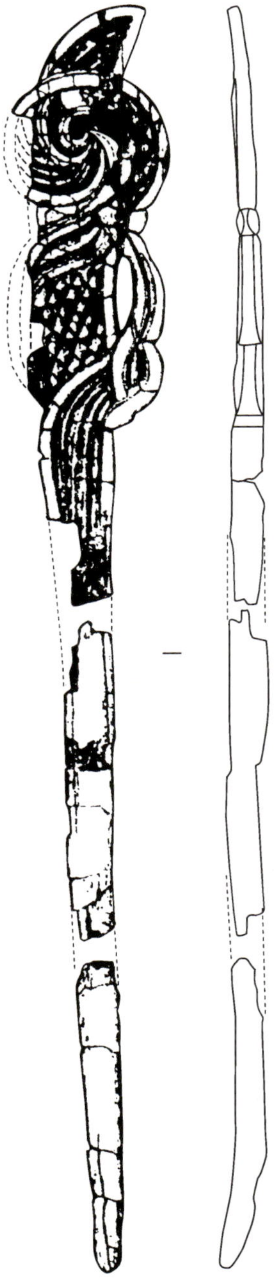

发现木雕艺术品

在清理房址西北角时，突然有人发现与碳化的木构架不同纹理的碳化物。由于当时仅露出碳化物的一个局部，其他部分又与泥土紧密结合，难以拨离开来，最后由发掘经验丰富的于崇源先生亲自动手，将此物连泥带土一起取回。经过精心清理，一件7200年前的木雕艺术品惊现于世。这件木雕艺术品的发现，令人欣喜，专家研究后认为，这是一件原始图腾崇拜物。现被定为国家一级文物，收藏在沈阳新乐遗址博物馆中，成为镇馆之宝。

木雕艺术品的出土现场

2号房址的发掘除出现上述突破之外，还发现了骨器和碳化谷物。这次发掘出土的文物极其丰富多彩，同时也填补了第一次发掘的空白。这次发掘出土的碳化木柱，经碳-14年代测定结果表明，房址距今7200年，比1号房址的年代更早。进一步稳固了新乐遗址在辽沈乃至东北地区新石器时代早期遗存中的重要地位。

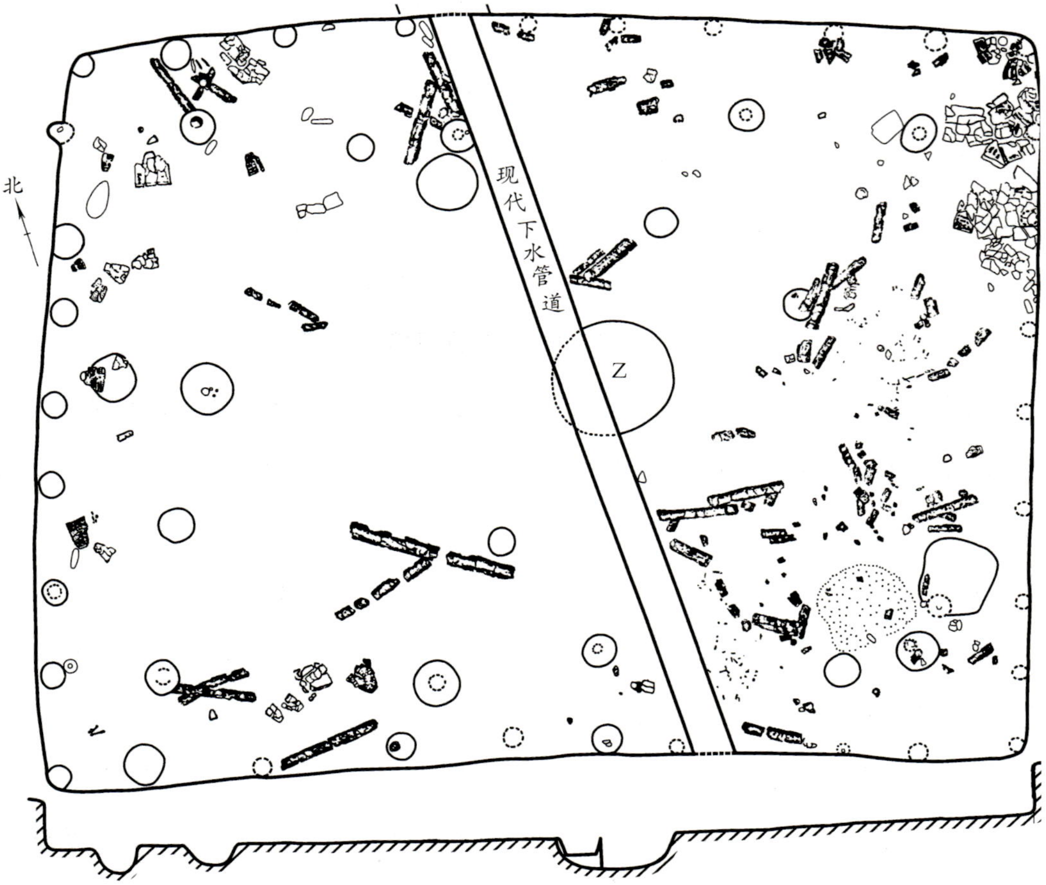

2 号房址平剖图

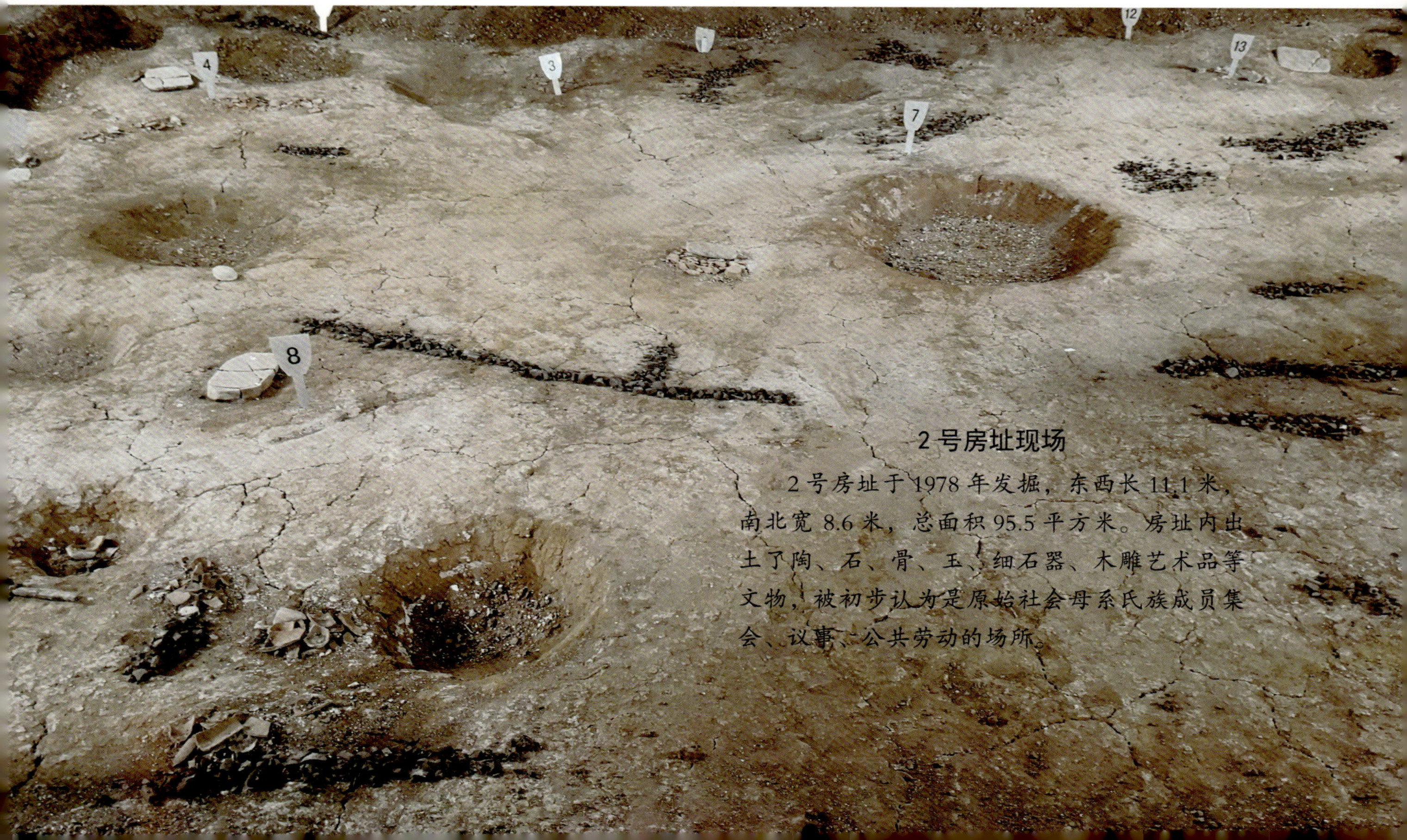

2 号房址现场

2 号房址于 1978 年发掘，东西长 11.1 米，南北宽 8.6 米，总面积 95.5 平方米。房址内出土了陶、石、骨、玉、细石器、木雕艺术品等文物，被初步认为是原始社会母系氏族成员集会、议事、公共劳动的场所。

风雨飘摇，柳暗花明

2号房址发掘结束后，考古人员意识到，这一地区不但有小型房址，而且还存在着大型房址，按照原始社会人们的生活特点，这里一定存在着一个部落或一个氏族。为此，他们积极向当地居民进行文物保护宣传，在遗址遭到破坏的关键时刻起了重要作用。

1980年7月，紧邻新乐遗址发掘地点东部地区的原八机部东北物资供应站，计划在新乐遗址地区的南侧修建围墙。由于该工程需要大量的回填土，动工后，当地居民发现大量的文物陶片被推出，大片的红烧土遗迹被推平，于是立即报告。接到报告，曲瑞琦、于崇源等同志立即赶到现场，但此时遗址的1086平方米和3座新乐下层房址已被破坏，推出和压碎的陶片有140余块。次日，由于工程队未接到停工通知，致使遗址303平方米和1座新乐下层房址又被破坏。从7月22日发现新乐遗址遭到破坏到8月22日，市文管办先后派人面谈、发文件、打电话，经多次劝阻无效。针对此情况，市文管办向公安机关请求立案调查，并对严重破坏文物的直接责任者和当事人都给予严厉的处罚，使沈阳市在文物保护方面的“考古官司”第一次胜诉，也使遗址保护得到了法律上的保护。

遗址遭到破坏后，考古人员于1981年4月，针对破坏情况，拟订了紧急抢救清理发掘方案。这次实际抢救清理发掘面积共计1340平方米，共在1号、2号房址周围又发现新乐下层遗迹13处。

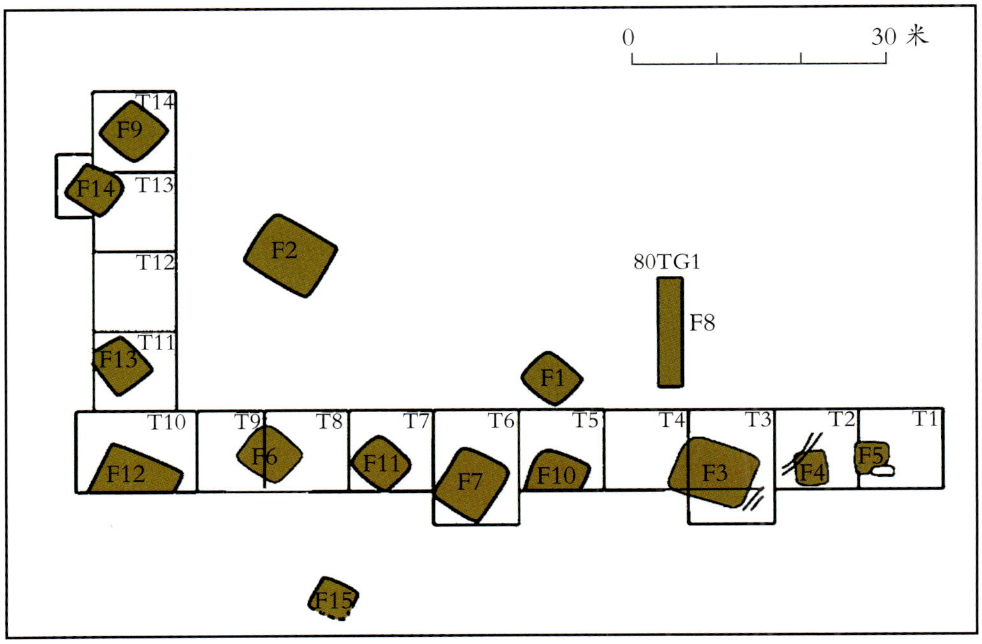

1980～1982年抢救性发掘平面位置示意图

8 号房址（发掘时间：1993 年。长 10.7 米，宽 9.76 米）

在这次发掘中，第一次明确找到了沈阳地区三层原始文化堆积层。新乐遗址上、中、下 3 种原始文化类型先后关系的确定，为沈阳地区史前文化研究提供了可贵的地层依据。新发现的 13 处新乐下层房址遗迹可以进一步证明，7200 多年前在新乐地区确实存在一座原始村落。这说明，1 号、2 号房址并不是孤立存在的，它们只是整个聚落遗址中的一部分，同时也为遗址的全面保护提供了珍贵的实物依据。

记载远古信息的地书

考古有着永恒的魅力和无穷的内涵。或许你觉得死板生硬的地层和灰冷无语的陶片使人感到乏味无聊，的确，探方内的层层清理都有相对固定的程式，有时不免机械，但其中的“一招一式”却充满了变化和新奇。考古发掘就像一场足球赛一样，你永远无法预料下一刻的发生，说不准你一镐头下去就刨出一段不为人知的远古先民的历史。

大多数的人类居住址都处于地势相对较低的泥土沉积区，伴随生活而产生的废弃物，除了质料原因化解掉的以外，很大部分还会以不同的完整程度，并基本按时间的早晚，被保留在由深及浅的、土质和土色又可以区别的地层或遗迹里。所以，考古发掘的一项最重要的行为特征是，以倒推式的顺序，由上而下、由近及远地揭露地层，并尽可能地逐层找出并记录遗迹和遗物及其相对位置关系。

新乐遗址在考古发掘中，共发现了 3 个不同时期的文化堆积层，下层距今约 7200 年，中层距今约 5000 年，上层距今 3000 ～ 4000 年。新乐遗址的地层堆积一般分扰土层、新乐上层文化层、新乐文化层和生土层。而在有新乐文化房址，特别是大、中型房址填土内发现有偏堡子文化层位堆积，这一情况有可能是大、中型房址的穴壁较深，被废弃后在淤填过程中出现了这一层位。

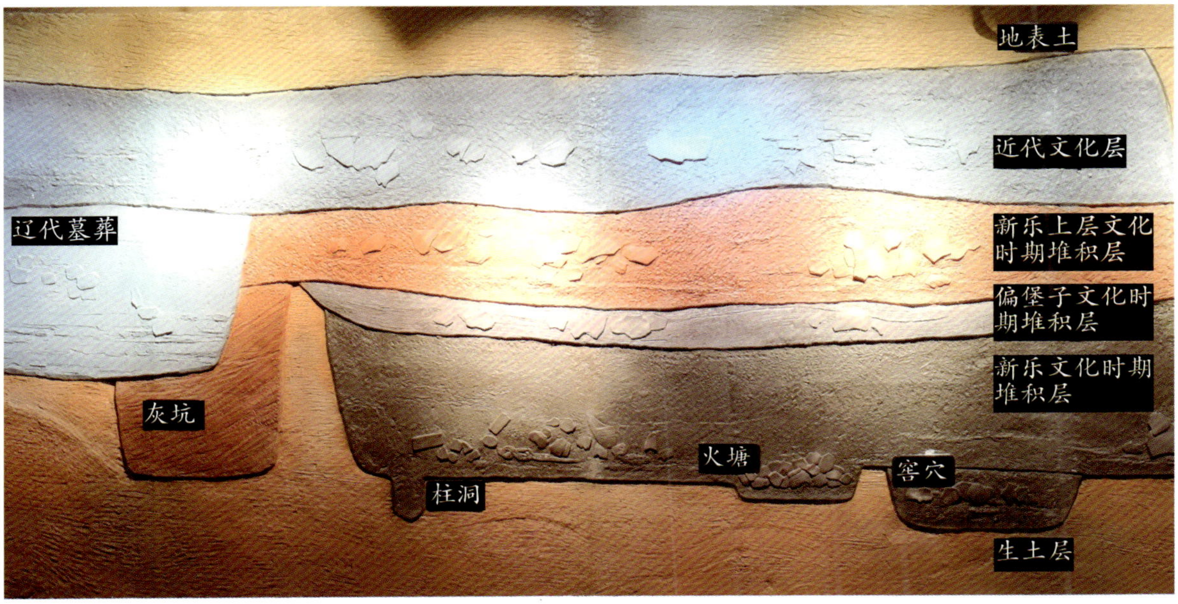

新乐遗址层位示意图

第一层：耕土层，厚 35 厘米，含近现代遗物。第二层：褐土，厚 40 厘米，质松软，含夹砂素面红陶、红褐陶，可辨器型有鼎、鬲、罐、壶、瓮、钵、碗及纺轮等。还有夹滑石红褐陶、夹砂红陶和附加捏按泥条堆纹陶等，为新乐上层文化。第三层：黑褐土，厚 38 厘米，较密实，含夹砂红褐陶、夹滑石红褐陶、黑褐陶、泥条捏按堆纹陶，可辨器型为大口罐类。还有少量压印“之”字纹陶，为偏堡子文化类型堆积层。第四层：土色较杂，土质坚硬，厚 0.1~0.15 米。含烧土粒、木炭、打制石器、磨制石器、细石器、陶器、煤精制品等，为新乐文化层。四层以下为纯净黄土，是未经人类扰动的原始生土。

土地给了我们生生不息的安慰，也给了考古人一次次梦寐以求的希望。在川流不息的浑河岸边，藏掖着见证他们喜怒哀乐、衣食住行的身外之物。人们对于中国远古历史尤其是东北史前文化的认知，由此焕然一新。

守护文明，源远流长

史前文化遗址作为文化遗产体系重要的组成部分，具有重要的历史、艺术与科学价值，是全人类共有的文化遗产。它既是考古学发展的基础，也是遗址所在地区、民族乃至国家的文脉之根。研究保护、展示利用史前文化遗产对追溯城市文明始源，传承民族历史文脉，建设现代特色城市，具有重要意义。

新乐遗址是目前辽宁地区发现的较早的新石器时代村落遗址，它的发现，无论是对考古学，还是研究东北史或辽宁地方史，都具有极其重要的学术价值。同时，新乐文化对研究中华远古文化的起源、发展及其文明形成的历史，也有着重要的作用，它在中国原始社会史上占有不可忽视的重要地位。

为了保存和展示新乐这一古文化遗址的发掘成果，沈阳市人民政府于 1982 年 7 月 21 日下发了 [1982]127 号文件，公布了新乐遗址为市级重点文物保护单位，并划定了新乐遗址一般保护区 178000 平方米及文物保护控制地带等。1984 年 5 月，新乐遗址文物管理所正式组建，1984 年 7～9 月，博物馆南部展厅工程竣工开放；1986 年，新乐遗址文物管理所正式更名为"沈阳新乐遗址博物馆" 。

史前文化是文明萌动的火种，是一段辉煌征程的印证，它向人们诉说着人类文明的步伐，向千秋万代昭示着我们祖先的史迹。这种来自根脉的动力，要求我们举起保护的旗帜，踏踏实实地履行传承。

自然密码

距今 7200 年前，北半球的气候正处于温暖宜人的黄金时期，温暖湿润的气候，富饶的水域，茂盛的草木，从东向西蜿蜒流经的河流，为先民的生活提供了优越的自然条件，为农业的生产提供了得天独厚的优势。新乐先民们在这里开始了刀耕火种的生活。

依河而居的部落

10000 多年前开始，地球上的气候又一次步入逐渐转暖的周期，随之而来的现象是降水明显增加，海平面迅速上升，动植物世界变得空前兴盛。天赐良机，人类在这样的环境下逐渐成为生命世界的主角，还赋予这一阶段的自然界一个带有感情色彩的名称——全新世。

全新世

开始于 12000 ~ 10000 年前，一直延续到现在，又称为冰后期。以第四纪冰期结束，气候转暖，海平面上升为标志。这一时期的地球气候总体处于温暖阶段，略有波动。人类进入现代人阶段，是人类的大繁盛时期。

进入全新世以后，人类渐渐走出山区，移向平原地区活动。为了适应新的环境，人们选择了邻近水源的地点聚族而居，建造房屋，开始了定居生活。

当时的农业生产方式尚处于低级水平，人们改造环境的能力还很薄弱，逐水而居可以说是史前人们选择生活环境的第一原则，而聪明的新乐先民自是不会例外。从地理位置来看，新乐遗址位于北运河北岸黄土高台地上，东经 123° 20′ 、北纬 41° 10′ ，海拔高度 53 米。遗址北部有辽河，南部为浑河。 辽河是全国七大江河之一，发源于河北省七老图山脉的光头山，上游为东、西辽河，在三江口汇合后叫辽河。辽河全长 1390 千米，流经沈阳境内 213.3 千米，从新城子区黄家乡进入境内，经新民县和辽中县到台安县，从盘山入渤海。浑河发源于抚顺市清原县滚马岭，流经抚顺、沈阳、辽阳、鞍山 4 市，在鞍山市三岔河与太子河汇入辽河，经营口市辽河口入渤海，全长 415 千米，流域面积 11481 平方千米。

现今新乐遗址南部的北运河属于浑河古道，从东南向西南流经。浑河为新乐先民的生产、生活提供了充足的水源，它孜孜不倦地奔流不息，仿佛纵横贯穿的脉管，为新乐文明输送着血液。依山傍水的生活环境奠定了人类生存的基础，可以说，7200年前的新乐人正是以此河为生活之源，创造了灿烂的新乐文化。

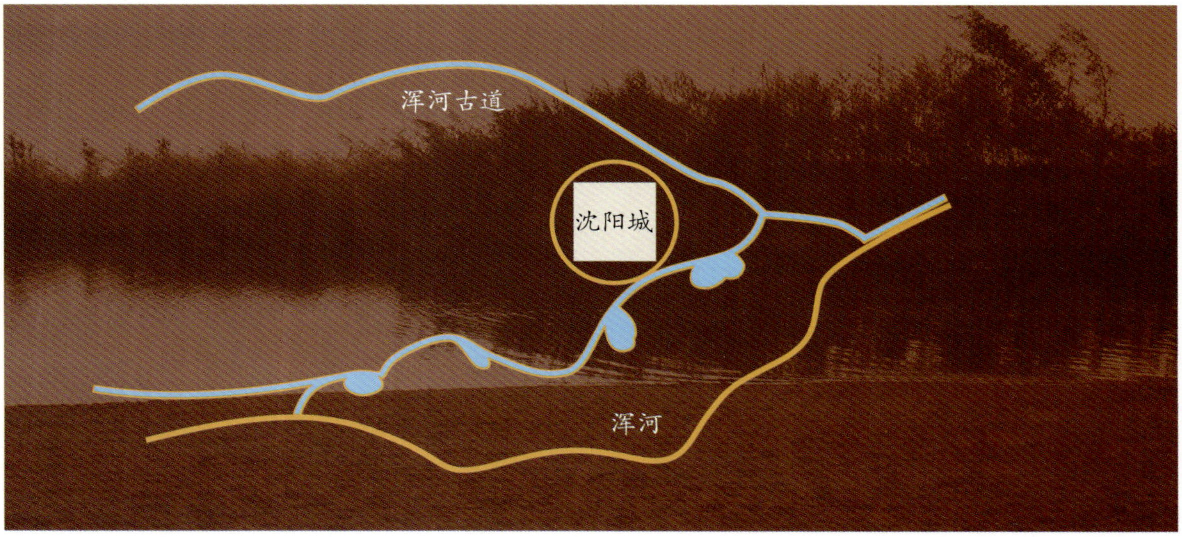

浑河孕育了新乐文化

浑河由沈阳东陵区高坎镇小仁镜村流入沈阳市，流经东陵、苏家屯、于洪、辽中4个区县，出境入台安县。在沈阳境内河长172.6千米，河道主槽宽100～200米。

遗址分布和浑河古道关系

揭开尘封的气候密码

18世纪法国启蒙思想家孟德斯鸠曾说过："气候的王国才是一切王国的第一个。"虽然孟德斯鸠的地理环境决定论是反面的，但在诸自然因素中，气候确实是影响人类社会的主要自然因素。

气候在环境要素中是指大气环流过程的动态概念，本身不会留下有形的物质，而那些必须适应它才能生存的动植物遗骸才是它的最佳指示器。多数动物的生态习性相对于自然环境的变化速度是比较稳定的，因此，各种动植物都必须有与它相适应的特定的生态环境和气候条件。

新乐遗址的出土文物，特别是植物材料的出土，证明了10000年前沈阳地区的气候演变趋势与辽宁南部地区是一致的。辽宁南部地区在距今10000～2500年间，是海侵时期。但到距今8000年，海水淹没范围基本上不超过现在海陆分布界限，而距今8000～5000年冰后期海侵达到高峰。更新世末至

海侵

在相对短的地史时期内，因海面上升或陆地下降，造成海水对大陆区侵进的地质现象叫海侵，又称海进。

全新世初以来，全世界气候变暖，冰川消融，中国近海海平面上升150米，平原逐渐沦为沧海。新乐文化正产生在这一冰后期最为温暖湿润，气候最相适宜的时期。根据孢粉分析，辽宁南部地区距今8000～5000年的年平均气温，比现在高3～5℃，接近现在的山东半岛。

进入全新代后，气候变暖。在距今7200年前，年平均温度比现今高3～5℃，相当于现在辽南或河北北部的气温。

探寻史前生命遗迹

动植物是自然生态环境中最能显示活力，也是最敏感与最脆弱的，但却与人的生活状况息息相关。虽然我们现在无法知道数千年前的自然环境如何，但只要找出它所保留着的一些动植物遗骸，可以在一定程度上了解当时的生态环境和人类活动与进步的轨迹。将动植物遗骸、孢子花粉遗存及地层土壤等多方面信息综合起来，有助于更加正确、完整地复原古代世界的面貌，揭示自然环境的变迁与人类文化发展的相互关系。

新乐遗址在考古发掘中，不仅有遗迹、遗物的发掘，还发现了古植被标本。为了还原新乐人在8000～6000年前的生活环境，相关的科研院所曾对新乐遗址的部分古植被和孢粉样本进行了分析与鉴定。其中，在新乐遗址下层的两座房址内及文化堆积层的标本中取样，经分析处理，鉴定结果表明：在7200年前新乐人生活的自然环境里，有林下坡地灌木丛，湿地岩石中生长着草本、蕨类植物，也有生于山坡干燥的砂质地或湿润的山坡上的乔木、灌木、裸子植物，以及小溪边丰富的被子植物。这些植物均为我国北方常见。其中，新乐下层比上层的植被类型稍丰富，乔木及灌木树种较多。相应于其古气候环境，新乐下层可能也比上层的气候条件要湿润温暖一些。

7200年前，在浑河古道北岸的高台地上，生长着以柞栎为主的阔叶林，林缘和河边坡地上生长着山杏、山里红、榛子等野生果树。河流两岸的平川地上，有茂密的榆树林。雨季来临时，河水泛滥、水势凶猛；枯水季节时，河叉纵横、池沼棋布、水族丰富、鸟兽群集。新乐原始先民就是在这种资源丰富、气候宜人的环境中，从事着简单的生产劳作，创造着惊人的史前文化。

第二章

叠压的文明

根据遗址内不同地点和区域地层的相互叠压关系，新乐遗址内存在不同时代文化类型和不同历史时期的遗迹与遗物，有新乐文化、偏堡子文化、新乐上层文化、郑家洼子文化类型的遗迹遗物，以及战国时期的遗迹遗物、辽代墓葬、清代墓葬等。它们共同构成了完整的区域考古学文化发展序列，尤其是其史前时期的文化遗存，记录了沈阳乃至辽河平原区早期人类活动的历史，确立了该区域在『东北文化区』中史前考古学文化相对独立发展的历史地位，是沈阳这座历史文化名城的重要象证与见证。

新乐文化

新乐遗址是辽宁地区内迄今为止发现的较早的人类遗址，是我国原始社会新石器时代的一处聚落遗址。7200 年前，新乐人在这里繁衍生息，留下了他们生活的印迹。遗址和出土的遗物具有极高的历史价值，通过这些可以了解他们，走进他们的时代。

新石器时代在考古学上是石器时代的最后一个阶段，这一名称是由英国考古学家卢伯克于 1865 年首次提出的。这个时代在地质年代上已进入全新世，是继旧石器时代之后，经过漫长的中石器时代过渡而发展起来的，属于石器时代的后期。年代大约从 1 万年前开始，结束于距今 5000 ~ 2000 年。磨制石器的使用、陶器制造的开始、农业的出现、居民村落的普及、氏族制度的形成等，是这个时代区别于旧石器时代的主要标志。

遗存特征

1973 年新乐遗址被发现，经过几次科学发掘，取得了极为珍贵的科学资料。在现已发现的大、中、小 3 种类型房址中：大房址居中，中、小型房址环绕大房址排列，形成了有一定规模布局的村落。

目前已发现房址 50 座，房址形制为圆角方形或圆角长方形半地穴式，木框架结构。房址内均发现有灶址，或称火塘，有单灶或多灶。房址面积有大小区分，大型房址 3 座，有 F2、F8、F27，基本位于遗址中部，房址面积均近百平方米。特别是 F27，为圆角长方形半地穴式，东西长 14.77 米，南北宽 9.50 米，深 0.74 米，房址面积约 140 平方米，是目前遗址中发现清理最大的一座房址。中型房址分布在大型房址外围，面积在 40 ～ 60 平方米。小型房址分布在大、中型房址之间，房址面积多在 10 ～ 25 平方米。到目前为止，发现的房址距离之间或近或远，没有发现房址之间有相互叠压、打破遗迹的关系。

新乐遗址复原房址全景

半地穴式房屋

半地穴式建筑是北方少数民族的建筑风格，最早的半地穴式建筑出现在半坡遗址。北方地区寒冷干燥，这种建筑有利于防寒保暖，与现在的窑洞有着异曲同工之妙。它有一部分深入地下，不仅冬暖夏凉，而且还能抵御野兽的侵袭。

出土遗物

新乐文化出土的器物十分丰富，陶器以压印“之”字纹和弦纹的深腹罐为主，还有高足钵、斜口器；石器有打制石器、磨制石器和细石器。打制石器有网坠、石铲、石锛、敲砸器、砍砸器、刮削器；磨制石器有石斧、石凿、磨盘、磨棒、磨石、石镞；细石器有石叶、石镞、尖状器、刮削器。此外，还出土有骨器、玉器、赤铁矿石、石墨、碳化谷物、碳化果核。最引人注目的是每座房址里都出土有煤精制品，有球形器、泡形器，还有类似跳棋的耳珰形器。在较大房址里出土的一件碳化木雕艺术品，形似鹏鸟，为国内罕见。从磨盘、磨棒、

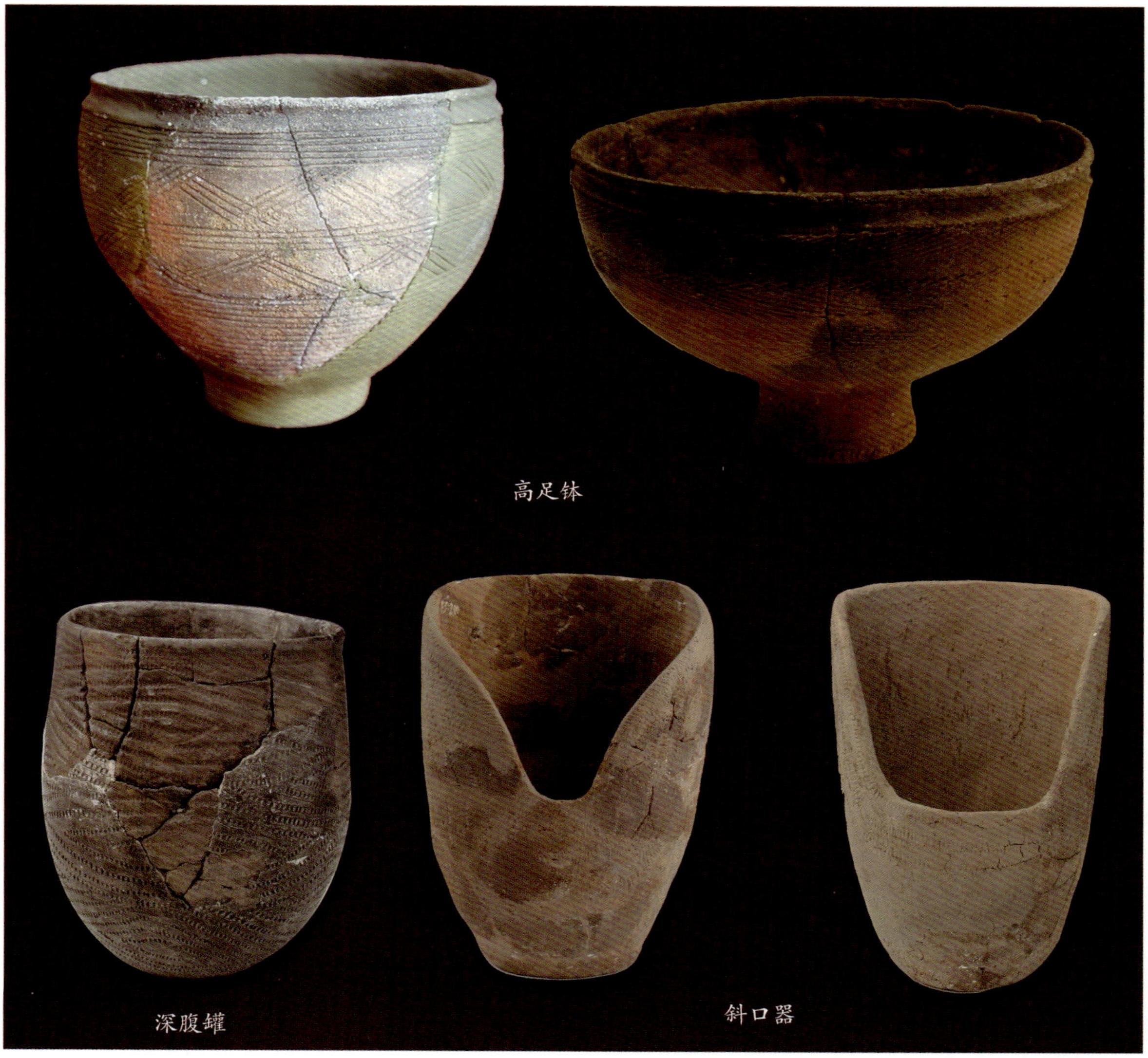

新乐文化陶器

新乐遗址出土的陶器多为夹砂红褐陶、夹砂红陶、夹砂黑陶，少量泥质红陶、泥质灰陶。陶器的烧制火候较低，温度在700～800℃之间，器型主要有深腹罐、高足钵、斜口器等。

碳化谷物等遗物的发现可以推断，当时新乐原始农业已经产生。

新乐文化陶器以夹砂红褐陶为主，还有灰黑陶，泥质陶少见。陶质较疏松，火候稍低。陶器制作为泥片接筑法，也有小型器物如陶杯类是捏制而成的。器型主要以大小形式相近的深腹罐为主，还有大口罐、陶钵、杯、斜口器等。器型规整，表里多有泥浆陶衣，陶器内壁多经压磨。陶器的表面多通体饰有纹饰，以压印“之”字纹和弦纹为常见，还有划压斜线纹、菱形网格纹、编织席纹等。陶器口沿处普遍有 1 ～ 3 周凹带，这是新乐文化中的一个特点。

新乐文化的深腹罐基本是大口、深腹、弧收平底，口沿处至腹中部弧度较小，腹中部至底部弧度较大。从修复完整的器物观察分析，深腹罐的底径、口径和高度的比例相近数值是 1 ∶ 2 ∶ 3。这个数值仅属于概念性，也是认定深腹罐类器型基本标准之一。

根据深腹罐类的器型特征、变化和饰纹不同，将深腹罐器类陶器区分为 5 型：压印“之”字纹深腹罐、压印弦纹深腹罐、压印篦点深腹罐、划压几何深腹罐、素面深腹罐。

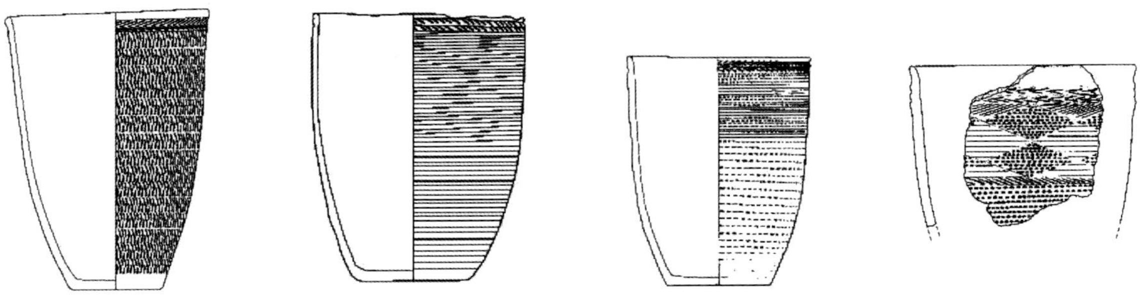

压印“之”字纹深腹罐　压印弦纹深腹罐　压印篦点深腹罐　划压几何深腹罐

带有纹饰的新乐文化深腹罐线图

新乐文化出土的斜口器根据口部特征，分为斜口部分呈“V”字形和“U”字形两种。

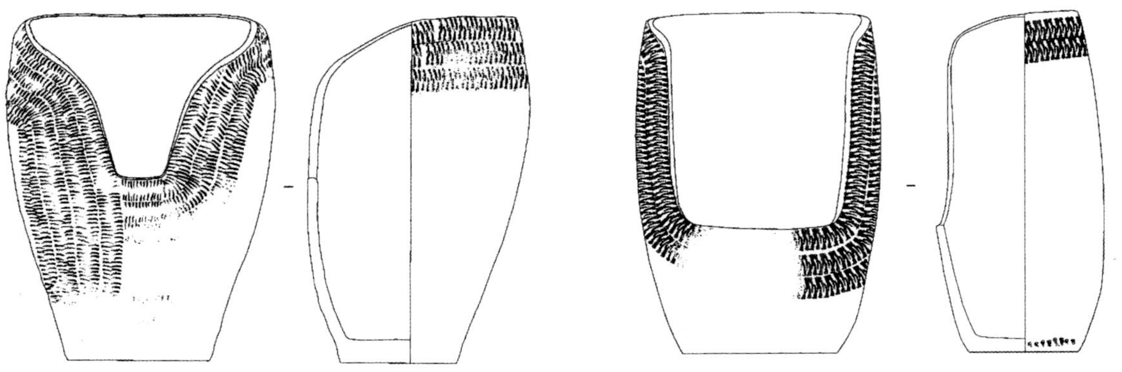

“V”字形斜口器　“U”字形斜口器

新乐文化斜口器线图

新乐文化出土的石器以打制石器为主，材质多选用有硬度的安山岩等河卵石，器物类型以敲砸器、砍砸器、刮削器、网坠等工具类为主，器物表面多保留有石皮。细石器占较大比例，材质多为玛瑙、燧石，也选用有一定硬度材质，如安山岩类。器物类型以石叶刮削器多见，尖状器、石镞，石核较罕见。石镞形式有有铤和无铤之分，压琢多由背面向腹面，少见有两面加工。磨制石器有石斧、石磨盘、石磨棒、石镞、沟磨石、砺石、石球等。石磨盘周边多有打琢痕。

百家争鸣，各有千秋

18世纪中叶的一天，一群意大利农民在维苏威火山脚下费力地开挖一条水渠，却意外地从泥土中翻出了闪闪发亮的金币、瓶瓶罐罐的陶器和雕琢过的大理石碎块，由此拉开了持续至今的长达几个世纪的大规模的科学考古工作的序幕。斗转星移，历经几代考古人的不懈努力，在中国大地上，一系列史前文化遗址脱颖而出。

我国新石器早期文化，除新乐文化外，分布在黄河流域的北辛文化、磁山文化、裴李岗文化、李家村文化和长江流域的河姆渡文化等，都有相当长的发展过程，并形成了各自的文化特征。

从时代看，它们大体都是距今7000年前的文化，虽然分布的地区不同，有辽河流域、黄河流域和江南地区等，但是它们在生产、生活、习俗上仍有不少类似之处。如这个阶段，它们的生产工具都是打制石器与磨制石器共存，一般北方地区打制石器多一些，黄河流域和江南地区则以磨制石器为主。石磨盘与石磨棒在我国黄河流域的裴李岗文化、磁山文化、北辛文化中均有发现，它们是用来加工粮食的工具。磨盘底部有三足、四足，也有无足的，如新乐文化的石磨盘是无足的。

新石器时代早期文化中出土的陶器均为手制。一般都是火候低、陶质软、造型比较简单的直筒罐、釜、钵、碗、盘、壶等。陶器的纹饰多是压印纹、剔划纹、绳纹、篦点纹、附加堆纹、弦纹等。这些不同的器型和纹饰，几乎是这一时期诸文化中所共有的，反映了当时人们的制陶技术是十分相似的。但发展到后期，各地区的文化差异性则越来越大。

偏堡子文化

偏堡子文化首次发现于沈阳新民市偏堡子遗址。20 世纪 70 年代，随着沈阳新乐遗址和新民高台山遗址的发掘，确认偏堡子文化为继新乐文化之后的一种新石器时代晚期考古学文化，距今约 5000 年。与此同时，辽南地区的“三堂一期文化”、辽东地区的“北沟文化”，与偏堡子文化关系非常密切，有许多学者认为它们同属一种考古学文化。

遗存特征

新乐遗址发掘区域内发现的偏堡子文化基本不见文化层堆积，目前仅在 80TG1 的第三层位堆积中发现，厚度仅 0.05 ～ 0.35 米。陶器以夹砂红褐陶为主，还有夹滑石黑褐陶、灰褐陶。偏堡子文化陶器以附加泥条堆纹为主要特征，明显区别于新乐文化和新乐上层文化。

出土遗物

陶器以泥片接筑法制成，器型规整，火候较高，陶质较硬。口沿处多有折叠重唇，附加泥片叠唇。陶器器型以大口陶罐、陶壶为常见。纹饰以附加捏按泥条堆纹为特征，还有划压斜线纹。

附加堆纹深腹罐

附加堆纹深腹罐是古代的盛贮器，属偏堡子文化类型。器型是口大，唇外折，腹鼓，施附加堆纹。

新乐上层文化

新乐遗址自 1973 年发掘以来，出土了一批以磨制石器、素面三足陶器鼎、鬲等为主要代表的遗物。因它们见于遗址的上部土层中，故被命名为新乐上层文化，距今 4000 ～ 3000 年，是下辽河流域东部最早被识别的青铜时代考古学文化。

分布范围

自 20 世纪 70 年代发现新乐上层文化开始，学者们对其分布有了初步的探讨。新乐上层文化起初主要分布在新开河（浑河古道）流域，晚期时，开始向北蒲河流域传播，形成东南—西北走向的一条狭长地带。

新乐上层文化的房址和环壕

遗址内发现了一条环壕，呈倒梯形，现存上口宽约 3.5 米，下口宽约 0.6 米，深约 1.3 米。壕底有淤积层，证明当时是有水的。环壕向西南延伸的部分，推测有可能一直延伸到浑河古河道，可以理解为 3000 多年前的一座护城河。

聚落形态

新乐遗址中的新乐上层文化主要分布在蒲河流域和新开河流域区域内。分布地点较为密集，多呈环壕聚落形态，聚落以大型房址为中心布局，中、小型房址环绕大房址分布。房屋结构有半地穴式、地面窝棚式两种。

墓葬习俗

新乐上层文化墓葬有土坑竖穴葬和瓮棺葬两种。沈阳地区发现的新乐上层文化墓葬十分零散，主要集中于新乐上层墓葬群和辽宁大学新乐上层墓葬。新乐遗址发掘的新乐上层文化墓葬有土坑竖穴墓 10 座，瓮棺葬 2 座。因土壤腐蚀性较大，人骨多腐朽。随葬品组合不统一，每座墓葬中有 1 ～ 2 件随葬品，多为陶罐、陶壶、陶钵等。

土坑竖穴墓

土坑竖穴墓是一种常见的埋葬方式，古人从地面竖直向下挖出葬坑，然后将棺木或死者置入坑内，之后摆放随葬品和其他殉祭物，再用土掩埋。土坑竖穴墓出现于旧石器时代晚期，到战国后期逐渐减少。

土坑竖穴墓平剖图

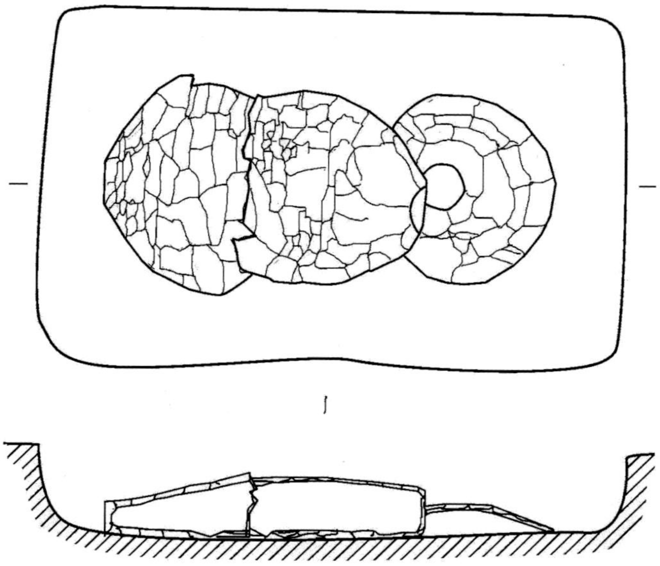

瓮棺葬平剖图

瓮棺葬是新乐上层文化的又一种埋葬习俗。采用大型生活实用器作为葬具，如瓮、盆等陶器，主要用于埋葬儿童，个别的也做成人葬具使用。

这个瓮棺葬式由两个高约 80 厘米的陶瓮对接而成的，瓮棺整体长 1.41 米，发掘时陶瓮内发现有人类牙齿等遗物。西侧陶瓮无口部和肩部，为瓮的下部，套扣于东部的陶瓮口部，东侧的陶瓮保存较完整，两件陶瓮合成为 1 具陶瓮棺葬。在瓮棺东侧有 1 件瓮底部残片，覆扣于墓底。

文物荟萃

从新乐遗址的新乐上层文化层中出土的石镐、石斧、穿孔石刀等磨制生产工具和收割工具，显示出较为成熟的农耕文化。石网坠等器物的出土，证实其经济形态是以农业经济为主，采集、渔猎、畜牧经济为辅的，多种经济形态并存的经济模式。

石器

石器以磨制石器为主，主要器型有石刀、石斧、石镞、磨棒、棍棒头等。打制石器有敲砸器、网坠等。从出土的生产工具分析，石斧和砍砸器为砍伐工具，石刀为收割工具，反映了当时的农业发展进程。

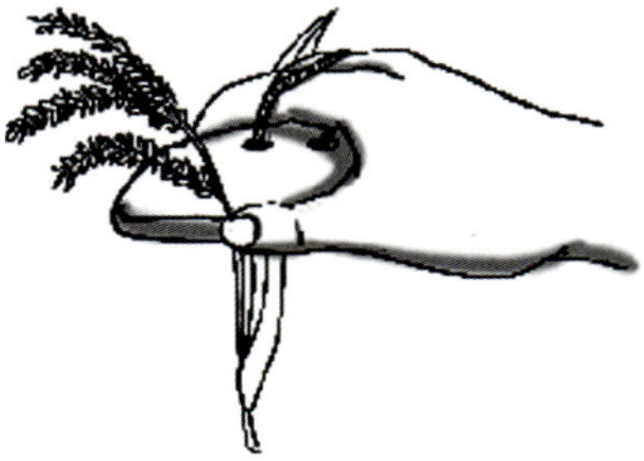

新乐上层文化穿孔石刀及石刀使用示意图（割谷穗）

新乐上层文化石斧

新乐上层文化石镐

陶器

新乐上层文化陶器以夹砂红褐陶为主，陶质较粗糙，内含有砂粒和石英粒，泥质陶较少。陶器均为手制，多以泥片接筑法而成。陶器以素面为主，三足器较多见，器耳发达，器型以鼎、鬲、甗、甑、钵、纺轮、网坠为主，数量众多，形式多样。

陶瓮

古代盛贮器，也作葬具使用。形体高大，腹较深，下腹内收，底有平底、圜底之分。

陶甗使用及其结构示意图

陶甗，古代炊具，出现于新石器时代，由甑、鬲两部分组成。上部可蒸制食物，下部用鬲盛水，中间以陶箅相通，是利用蒸汽蒸煮食物的炊具。

陶鬲

陶鬲，古代炊具，出现于新石器时代晚期。器型为敞口、圆腹、3个空心袋状足，腹部及袋状足内可盛水，袋状足下可燃火煮食。

陶纺轮是古代先民捻线结绳的工具。众多陶纺轮的出土，证明这一时期的先民已经掌握了原始的纺织技术，可以制作遮风避雨、抵御严寒的原始衣物。使用时在陶纺轮中间安1根木杆，纺线者捻动陶纺轮，利用其转动时产生的力量，使纤维捻合并续接成线。

陶纺轮及使用示意图

第三章 食黍部落

农耕是新乐人当时重要的生活来源，由于生产力水平低下，收获的粮食难以维持生存，捕鱼和狩猎成为人们重要的谋生手段。遗址中发现的大量的石镞、骨镞、刮削器、敲砸器，以及猪骨、鹿骨、羊骨等，说明狩猎是新乐先民随时进行的生产活动。

辛勤劳作 谋生手段

新乐人的饮食由谷物、肉类、果类、蔬菜构成。在新乐一座被烧毁并遗弃的房址内发现了黍类农作物，同时还有碳化榛子、橡子、山里红等野生果实。从目前掌握的材料分析，他们是以肉类食物为主，兼食谷物、果类为补充。

碳化谷物

新乐遗址碳化谷物出土于2号房址东南角与西南的地面上，堆积较厚。碳化谷物未经脱壳加工，谷壳完整，粒大饱满，从籽粒大小看，出土的碳化谷物比野生高粱、大黄黍要小，胚的部位和大小与大黄黍相近，均较大并呈长椭圆形，经辽宁省农科院鉴定为黍类（俗称大黄米）。黍是专指一种子实叫黍子的一年生草本植物，其子实煮熟后有黏性。

在新乐遗址出土的大多数石磨盘和石磨棒的石质较粗，含有大粒石英颗粒。石磨盘多为圆角长方形，形体较为规整，常两面使用，厚薄不等，周边有琢制斑痕。石磨盘后端常

遗址2号房址出土的碳化谷物

遗址出土的碳化谷物，尽管在地下埋藏了7200年之久，但其保存完整。农耕工具与谷物的发现，有力地证明了新乐文化原始农业已经产生，生动形象地向我们勾勒出一幅新乐先民田园劳作的画面。

石铲

有一段较高的平台，形成前后推拉的习惯界限。有的石磨盘后端还留有长期敲砸硬果核留下的小圆窝。石磨棒呈长条形，琢制而成，横断面呈椭圆形或抹角三角形。磨棒除有加工谷物的功能之外，新乐人也可能用它来敲砸野果果壳或用来研磨制陶的砂土，可谓一器多用。遗址中石磨盘、石磨棒的出土，可以认为新乐人已经掌握了粮食加工的方法。

磨盘与磨棒使用示意图

新乐人用石磨盘和石磨棒将黍子等谷物研磨成粉，或者用它们来给谷物脱壳。

野果采集

新乐遗址中榛子、橡子、山楂等碳化果壳的出土，证实了采集活动是新乐人获取食物的方式之一。采集活动主要依靠妇女儿童完成，榛子、橡子、山楂等野生果实成为她们采集的对象。榛子是榛树的果实，形似栗子，外壳坚硬，果仁肥白而圆，有香气，吃起来特别香美，有坚果之王的称呼。橡子是栎树的果实，形似蚕茧，外面是硬壳，棕红色，内仁如花生仁，含有丰富的淀粉。栎树生长迅速，在荒山野岭、沙丘薄地均可看见栎树的身影。一些橡子含有大量单宁，直接食用会感到苦涩，通过长时间烧煮并换水去除其中所含的单宁，煮熟以后就可以直接食用。加工后的橡子面有一股清香的味道，可和面烧烤。

碳化榛子壳

渔猎荒泽 丰衣足食

新乐人通过狩猎、采集、渔猎获得的肉食、果实、黍类，经过进一步的蒸煮、烧烤加工，可以提升食物的味道，更好地汲取食物的营养。石磨盘、石磨棒可以去除谷皮，将谷物碾制成粉。黍子、橡子放在陶罐中可以蒸煮食用。还有刃部锋利的刮削器，用于宰割猎物、刮削动物皮毛、分割肉类，以及用于敲砸动物骨骼、植物果壳的砍砸器。丰富的食物，促进了新乐人的体质和智力的发展，创造了灿烂的新乐文化。

狩猎活动

新乐遗址出土了大量的石镞、石叶、砍砸器和刮削器。石镞是弓箭的主体，多数由玛瑙、页岩打磨而成。韧性的树枝做弓，质地坚硬的树枝做箭杆，骨片或石片制作箭头，构成了新乐人使用的弓箭。弓箭是狩猎工具中最具杀伤力的武器，在捕猎时既可拉开人与野兽之间的距离，又保证了准确的杀伤力，保证了人身安全。新乐遗址出土的猪、羊、鹿等动物

狩猎想象图

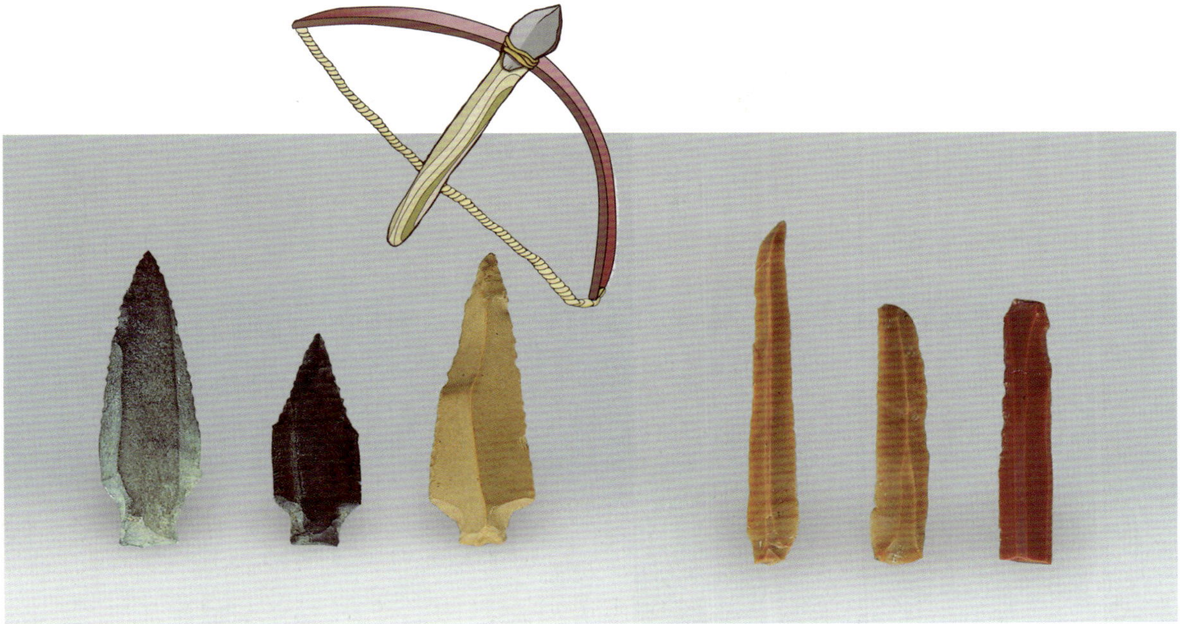

石镞

石镞采用间接打制法制成，通常是作为装备骨、木等复合工具的石刃而专门制作的。镞作为复合工具附在箭杆上，使用时利用弓的弹力与箭杆一起射向目标，是捕获奔跑的动物，如鹿、野羊、野牛的有效工具。

石叶

石叶是打制类石器，古人用特定的石料打制成较锋利的石器，一般用于为各类复合工具提供镶嵌的刃缘，满足不同的生产活动。

骨骼说明，这些食草类动物是新乐原始先民狩猎的主要对象。狩猎通常为部族的集体活动，一般由部落的男子结队出行。他们身背弓箭，手持棍棒、石球，当发现猎物后围追堵截，进行射杀和围猎。这些动物不仅为新乐人提供了营养丰富的肉食，剩余的毛皮还可制作避寒的衣物，骨骼可用来制作生产、生活中所需的骨针、骨匕、骨镞、骨笄等工具。

砍砸器

一种形体较大的工具，器身厚重，有钝厚曲折的刃口，用来砍劈、锤砸和挖掘等。

原始狩猎示意图

刮削器

用途广泛，可用于切割兽肉或制作木质工具。

渔猎活动

从新乐遗址发现猪、羊、鹿等肉食性动物骨骼，以及遗址出土的数量颇多的狩猎、渔猎工具可以推测，新乐人的肉食性食物主要靠渔猎、狩猎得来。遗址中虽未发现水生动物遗骸，但大量石网坠的出土，说明其在新乐先民生产生活中扮演着重要的角色，证明了当时新乐人存在渔猎活动。

遗址中发现了百余件石网坠，这些石网坠多选用河卵石中较坚硬、形体较大的扁平岩石打制而成，可分为方形、长方形、不规则圆形和椭圆形等几种形制。打制方法是将石料立于石砧上，以横向锤击，使之形成上下两个对称的豁口，将其系绑于渔网上，然后坠入河底来捕获鱼虾。

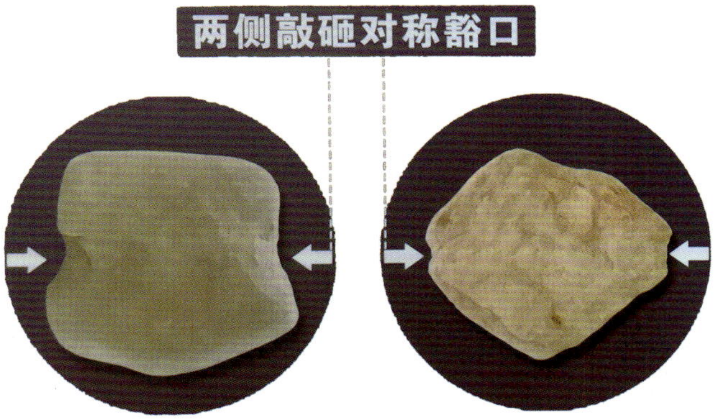

石网坠

石网坠是史前人类主要的捕鱼工具，多采用扁平砾石，两侧敲砸出对称的豁口，系于渔网底部。

当时的浑河河域宽阔，岸边鸟兽群集，为人们狩猎和捕鱼提供了天然的良好场所。勇敢勤劳的新乐人经常出没在浑河岸边，时而追逐羊群，时而在岸边捕鱼，时而在树木挺拔、荆棘丛生的高台地上齐声呐喊，围猎野兽。每当捕猎归来，村落中妇孺老幼聚集在一起，欢迎凯旋的英雄，大家围坐在火膛边，待炊烟袅袅升起，烧烤食物，共同分享大自然恩赐的美味。

原始捕鱼示意图

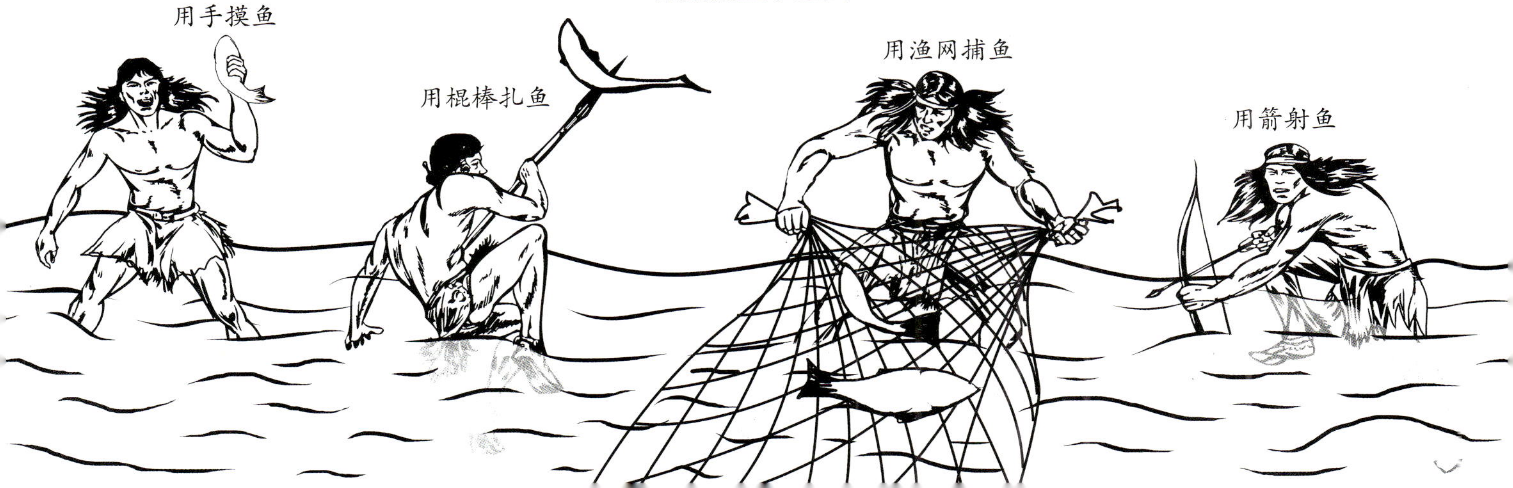

凝土成器 火中智慧

陶器大约出现在距今10000年前的新石器时代早期。在旧石器时代晚期，陶器还没有发明之前，人类利用动物的头壳作为简单的容器。进入熟食时期后，特别是原始农业产生萌芽以后，饮食结构的改变以及定居生活的需要，使人类需要一定的饮具和食具。也许是偶然间发现涂上泥巴的编织物被火烧后留下了可作为容器来使用的硬壳，先民从中得到了启发，从此，人类开始进行有意识的陶器生产。尤其是到了母系氏族繁荣时期，制陶技术已相当进步，陶器的形状和功能更加多样化了。

成熟的制陶业

新乐遗址出土了大量的陶器，根据它们的形状、出土状况及人们生活实际需要，可以简单地划分为盛贮炊饮用的深腹罐，饮食用的高足钵，撮取火种用的斜口器。陶器的发明与使用，不仅改变了原有的食物加工方式，从烧、烤、石烹，到用陶器蒸煮食物，这种蒸煮的食物更有利于吸收，促进了人类体质的发展和大脑的发育，而且先民们的定居生活更加趋于稳定。

陶器，一般是以黏土为原料，加入掺和料如砂粒、滑石粒等，烧制温度在600～1050℃。新乐遗址出土的陶器主要由黏土加砂子为原料烧制而成，烧造温度在700～800℃。出土数量最多的主要有夹砂红褐陶、夹砂红陶和夹砂褐陶，占出土陶器的95%以上，同时也出土了数量较少的泥质红褐陶、泥质灰陶和夹滑石陶。泥质陶在烧制时的火候要求较高，说明新乐人在制陶技术上有了新的飞跃。通过陶器外观及断茬来分析，掺和料中采用的砂粒细小均匀，说明早期新乐人已经意识到，掺和料中采用石英砂能够改善黏土泥料的成型性能，使陶坯在成型与晾干时不易开裂。

2号房址发掘时陶器大部分集中出土于房址内东北角，少数在柱洞附近，又有大小不同的陶器倒置套在一起的现象。这些陶器的压印纹路清晰，未经磨损，像是储备之物。在集中出土骨器的附近，地面上堆放着细砂，推测除用于研磨穿孔之外，可能是制作陶器所用的掺和料。

陶器制作

制陶术是原始手工艺的重要组成部分，它经历了手制、慢轮到快轮的几个不同阶段。新乐出土的夹砂陶制作方法停留于原始手工制陶阶段，他们使用的泥片接筑法和泥条盘筑法，虽为手制，但制陶技术相当熟练，制作出的器物端正对称，器壁内外修整得光滑平整。

新乐人在制陶的过程中，通过不断实践，对陶土的选择更加精细，火候掌握得更加准确，对器型的把握更加自如。在加工陶器的过程中，为了加固器体，使器型更加美观、结实，

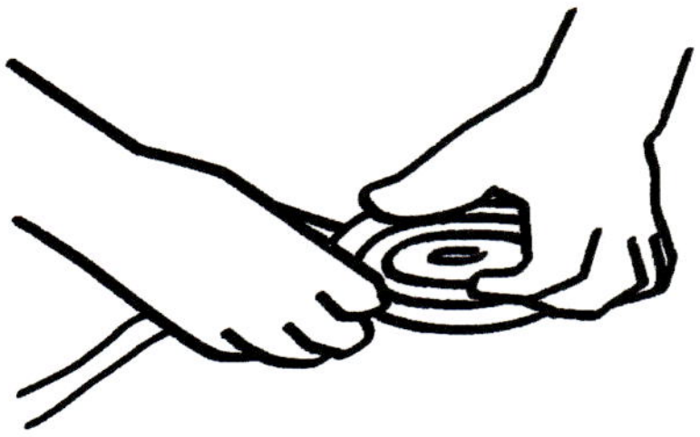

1. 用泥条将器底像制蚊香一样盘起。

2. 将器底抹平。

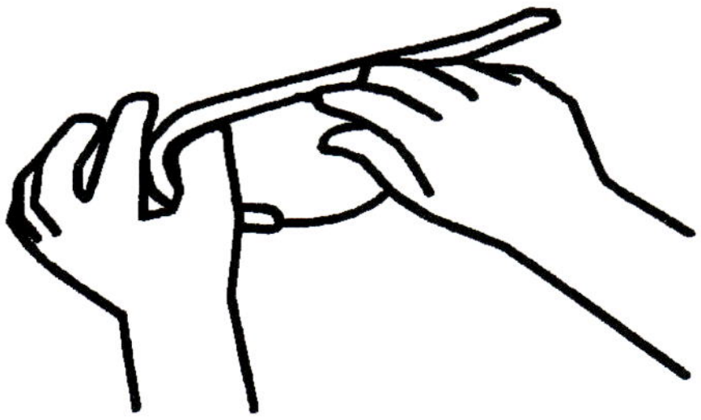

3. 在器底上盘器壁。

4. 将器壁拍实、抹平。

5. 修整器型，在器物上施加纹饰。

6. 阴干后入窑烧制。

制陶流程示意图

通常采用一些辅助工具进行细加工，如用手指、鹅卵石、长条形片状物、篦状物等。通过辅助工具，运用挤压、拍打、刮抹、压划器物内外壁，使泥片接筑和泥条盘筑的衔接处弥合得更加紧密自然（遗址出土的斜口器内就留有修整器物时留下的指纹）。

陶器烧造

烧陶通常采用的是露天烧造和陶窑烧造。到目前为止，在新乐遗址的发掘过程中未发现陶窑。出土的陶器火候低，通常在 700 ～ 800℃之间，根据陶器的陶色不均匀这一特点，推测新乐人可能采用的是最原始的烧陶方法——露天烧造陶器。

西安半坡遗址陶窑烧造示意图

露天烧陶是原始制陶的必然阶段，露天烧陶时通常先把陶器的坯体制作成形，施纹后采取阴干的方式，再用平地堆烧的方法来烧造陶器。它的最大特点是陶色不纯，夹红夹黑。露天烧陶的燃料多是因地制宜，选择本地相对丰富的资源。现今，我国的露天烧陶多见于少数民族地区，如傣族、黎族、藏族、怒族、彝族等都还保留这一原始的烧陶方法，在这些地区的民族考古学调查中发现了多种陶器烧制方法，根据烧制方式的不同分为：平地堆烧、平台堆烧、薄壳窑、坑穴堆烧。

《云南物质文化·社会生活卷》
中傣族烧陶时做的薄壳窑

露天烧制陶器并不一定需要陶窑设施，烧制时将器坯与燃料堆在一起直接烧制。这种烧制方法很难留下容易分辨的遗迹证据，因而长期以来，露天烧陶在考古学中“隐形”了。

陶器器型和纹饰

器型

新乐文化出土的陶器主要有深腹罐、斜口器和高足钵 3 种器型，其中以深腹罐出土的个体数量最多。深腹罐呈深筒状，多为直壁、敞口、平底，也有的稍敛口或侈口，腹壁微弧，没有耳、鼻、把、流等附件，这种类型的深腹罐是东北地区新石器时代文化中最具典型特征的陶器。器型分为大、中、小 3 种，大型深腹罐通高在 50 厘米以上，最小的陶器高度仅有 6 厘米左右。器壁厚者约 1 厘米，最薄者仅 3～4 毫米，这反映了当时的制陶技术有相当高的水平。

新乐文化压印“之”字纹深腹陶罐

大型的深腹罐大多没有烧烤、烹煮的痕迹，推测是用来存储食物的器具。而小深腹罐内部呈灰黑色，好像是食物烧糊的印迹，它的实用功能是用来烹煮食物，反映了氏族成员日常的生活需求，即小家庭用膳模式。

新乐遗址出土的斜口器通高在 22 ～ 31 厘米，均属于夹砂红褐陶，陶胎薄厚均匀，扁腹，器物正面扁平，腹部中部外弧，椭圆形平底，器物正面有深浅不一、上宽下窄的斜口，分别呈“U”字形 、“V”字形、“门”字形、“倒梯”形，形制不一。在口沿两侧及正面饰有 2 ～ 3 行压印“之”字纹，背部为素面。

新乐文化斜口陶器

斜口器多发现于火膛附近，推测是用来移植、保留火种的工具或是撮搂工具，类似今天使用的撮子、簸箕。新乐出土的碳化谷物——黍子是要经过石磨盘、石磨棒的加工去除谷皮后，才可食用，所以，另外一种观点认为新乐先民用斜口器来簸扬黍子的谷皮。

高足钵出土个体数量不多，最典型的一例为大口，浅腹高足，外饰红陶衣，口沿尖薄，器表饰以刺划抹压直线、弧线、菱形网格纹；钵内局部呈灰褐色，口沿有一周宽约 2 厘米的黑灰色彩；通高 12.3 厘米，口径 19 厘米。另有素面陶钵，口沿凹带内有黑色彩绘条纹，说明新乐文化彩绘陶的存在。

新乐文化高足陶钵

纹饰

施纹是在器物成形、陶器坯体略干后，施上各种纹饰。新乐遗址出土的陶器虽然烧制火候很低，但是由于压印的比较密集，不仅增强了观赏性，而且使陶壁更加坚实。新乐陶器的特点是普遍施有纹饰，结构紧密，从器物口沿到器底通体施纹。纹饰通常有“人”字纹、弦纹和压印“之”字纹，以横排顺序居多。同时，新乐人在一件陶器上不仅仅限于施一种纹饰，而是任意组合花纹：有弦纹下面施加压印“之”字纹，压印“之”字纹下加篦点弦纹，篦点弦纹加弦纹，弦纹加划纹，压印“之”字纹加划纹，以及在弦纹器中部饰压菱形花纹等。除此以外，还有锥刺划纹、篮纹、篦点斜纹等。

“之”字纹陶，从施纹方法上有压印的，也有刻画的。关于它的施纹方法有很多不同解释，有的认为是由一种纹饰工具滚压而成，但经过大量的实验研究找不到相似之处，认为其应为

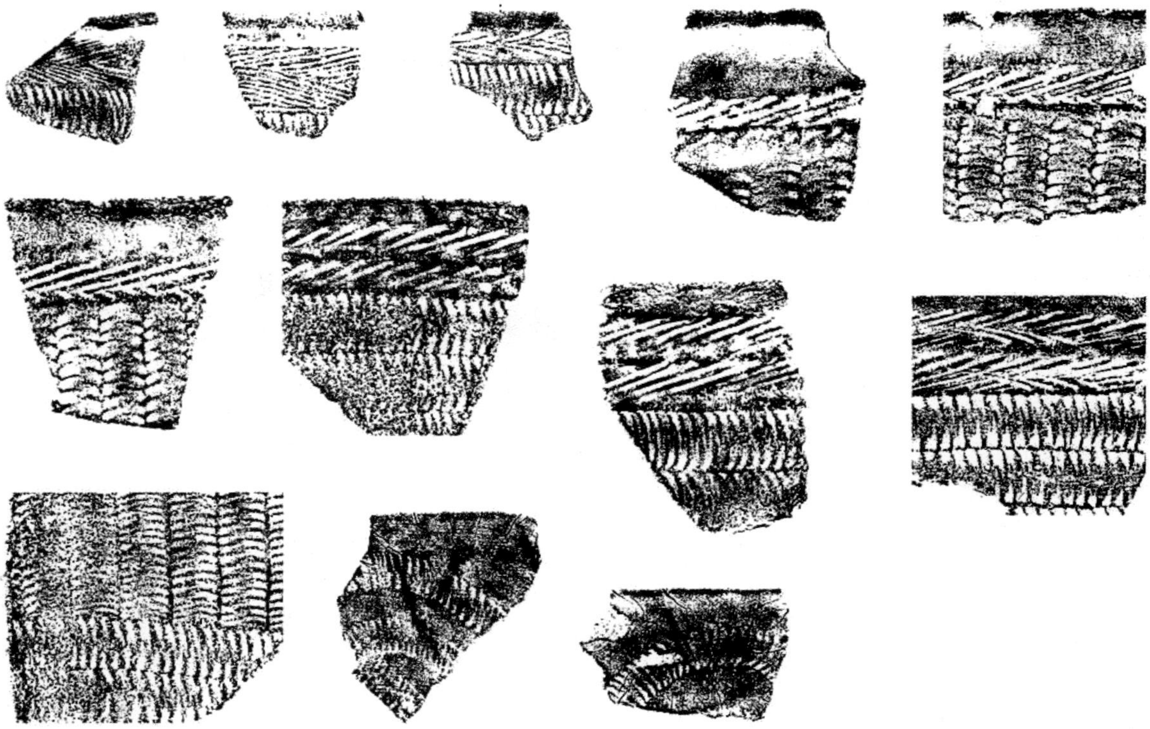

“之”字纹陶片拓片

压印弦纹、篦点弦纹、编织席纹、几何纹陶片拓片

一种带弧度的骨片或是木板以两端为支点，不断交替移动按压而成。出土的陶器施以压印“之”字纹数量比例最多，而且规律强，都是纹饰向左弯曲施纹，仅有极少数向右弯曲施纹。深腹罐的口沿多用 1 圈或 2 ～ 3 圈凹带纹作装饰，凹带内又饰有斜线纹或横行“人”字纹。

深腹陶罐和局部纹饰

平行凹带式弦纹，是用平板式施纹工具直接压印而成。在饰弦纹的陶器中可以观察到，横压的直线纹饰平而且直，密但不乱，甚至每一周的交接处，几乎看不到接头或重叠的痕迹。这说明原始新乐人制陶施纹工艺之精湛，也反映出制陶施纹的原始性。

平行凹带式弦纹陶器细节图

畔河而居 架构房屋

新乐遗址房址与聚落的发现，说明新乐人已经开始了定居生活。代表火耕农业的整地工具——石斧的出土，碳化谷物、山楂、榛子的发现，以及大量细石器和渔猎工具的存在，更加充分地佐证新乐人当时已经过上了稳定的定居生活。

村落的布局

新乐遗址位于下辽河流域，其北部距辽河 350 千米，南部 200 米处为沈阳市区北部的北运河即浑河古道，原始新乐人居住在河道北岸的高台地上。从遗址发掘地貌图可以得知，整个氏族部落房屋建筑布局清晰合理，错落有致。从 1973 ～ 2016 年共进行了 6 次考古发掘，所发掘下层房址均属于半地穴式的长方形、正方形建筑遗迹。这种房屋建筑俗称“地窨子”或“马架子”，冬暖夏凉，适合北方的气候特点。房址大体可分为 3 种类型，即大、中、小型。面积在 90 平方米以上为大型房址，共发现 3 座，面积分别为 140 平方米、110 平方米、96 平方米。中型房址共发现 5 座，面积在 60 ～ 70 平方米。余下皆为小型房址，面积在 40 平方米以下，最小的一处房址面积仅 8 平方米。

新乐聚落房屋遗址的空间布局体现出功能与艺术的结合。大型房址在居住址中呈“品”字形分布，四周围绕中小型住房。从房址走向上看，房址分布是沿河道，从东南向西北顺地势排列，不是十分有序，但错落有致，分布在东西长约 300 米、南北宽约 100 米的狭长地带上。房屋之间的间距不等，有的房址间距为 2 ～ 3 米，有的房址间距为 5 ～ 10 米。从整个新乐遗址遗迹、遗物的出土状况分析，新乐大房址应为整个氏族部落活动劳作祭祀的场所，中、小型房址以居住为主要功能，小房址应为若干对偶婚组建的小家庭居住。

半地穴式房屋

原始先民居住的场所经历了洞穴、巢居、穴居到地面建筑这一漫长的演变过程：最初的人类还不会建造房屋，是以自然洞穴为栖身之所；后来人类走出洞穴，在地面上建造栖身之所，产生了巢居、穴居和地面建筑。

进入新石器时代后，穴居成为原始先民最主要的一种居住方式。穴居根据入地深浅分为深穴和半穴居两种，根据构造形式又分为横穴和竖穴两种。为了更好地防潮，先民们又探索出了一些方法，例如先将室内的地面和壁面拍实，再用颗粒细小的泥土涂抹等。

半地穴式房屋复原图

新乐遗址的半地穴式建筑是在地面向下挖坑，坑壁做墙，坑壁内四周建有壁柱，房屋内有 1 ～ 2 圈柱子用以支撑房顶，再在外部铺草建造出四面斜坡的屋顶。在新乐建筑遗址中，很多地面采取了防潮措施，地面有烧烤层，即红烧土地面。屋内中央有供人们取暖、照明、烧烤食物用的火膛，个别房屋在其东南、西南方位有供人们出入房屋的坡状门道。

在个别房址内发现了大面积的植物痕迹，表明当时居住在房屋内的人们把一些干草或树叶铺垫在潮湿的半地穴地面上，这样不但可以保暖，利于休息，还可以防潮。

房址外部的建筑情况，个别房址发现有草茎较细的草泥烧结块，推测房址除用草木搭建外，可能当时的新乐人已经使用草拌泥作为建筑材料。

19 号房址中发现的植物叶茎痕迹（细部）

早期人类的居住址，注重实用功能，而新乐人在实用的基础上，已经懂得建筑的艺术性，建造的房屋既能满足居住和使用的需要，如集体劳动、祭祀的需要，又是按照当时的审美艺术搭建的。从建筑房屋的分布情况进行分析，大房子为氏族部落的核心建筑，满足人们居住及祭祀活动、集体活动的需要，用于居住的小房子围绕大房子而建。从房子的建筑力学看，新乐人充分利用“间柱”“组柱”建造大房屋，又多采用对称、均衡式的构建模式。位置适宜，造型美观的灶台、窖穴折射出新乐人追求形式美的一面。

柱洞

柱洞是木柱埋入地下留下的痕迹，通常设在半地穴居住址的穴壁内四周。柱洞形制分 3 种，一种是穴壁柱洞，立于居住地面，依附于穴壁，仅穴壁上可见半圆形柱痕；另一种是深埋于地下柱洞，地表形成盆形口，表面很像火膛或灶，最大口径约 56 厘米；还有一种柱洞较浅，距地面深 25 ～ 30 厘米，底部放有不规则石片、陶片作为柱础，或用砂子夯实。

27 号房址柱洞

从建筑的力学角度看，新乐先民们的房屋应该是用木柱来支撑木构架屋顶建造而成的的。根据房址遗迹分析，新乐人的小型房屋是依靠壁柱为支撑，而大、中型房屋除依靠壁柱外，还普遍使用间柱。间柱一般较为粗大，埋入较深，主要起到支撑承重的作用。

1978 年发掘的 2 号房址属于大型长方形半地穴式建筑，长、宽分别为 11.7 米和 8.6 米，房址中央发现有圆形浅灶坑。该房址是焚烧后的遗迹，屋内留有许多碳化木柱痕迹，粗的木柱直径达 20 厘米，细的木柱直径有 10 厘米左右。通过遗迹可以看出，这座房址因面积大、屋顶厚重，所以采用了 3 层立柱来支撑房顶：房址四周的穴壁分布有 34 根壁柱，平均间距 0.8 ～ 1 米；在距四壁约 1 米的地方，基本上按等距 1 米的地方埋设 1 圈（共 11 根）粗大立柱；在灶址和粗大立柱之间还埋有 6 根立柱。除四角的壁柱外，其余大部分没有柱坑，而是挤入穴壁，立于地面。柱坑是先在立柱的位置上挖出可以容纳 1 个人蹲入的坑，根据立柱的深度和柱径再在坑底挖出柱洞，在柱子栽埋后再填土夯实。房址内的柱坑有深有浅，深者有 1

米左右，浅者只有 25 ～ 30 厘米，在较浅的柱坑底部还垫有石片，使立柱更加坚实。

3 号房址是新乐遗址中一座面积较大且没有隔墙的建筑遗迹，其平面呈圆角长方形，为半地穴式房屋。东西长 9.4 米，南北宽 7.7 米，北壁深 0.7 米，南壁深 0.4 ～ 0.5 米，面积约 72 平方米。在 7200 多年前，这样大面积且无隔墙的房址是不多见的，而且这座房址内共发现柱洞 66 个，这些为研究新乐先民的房屋建筑结构提供了宝贵的资料。

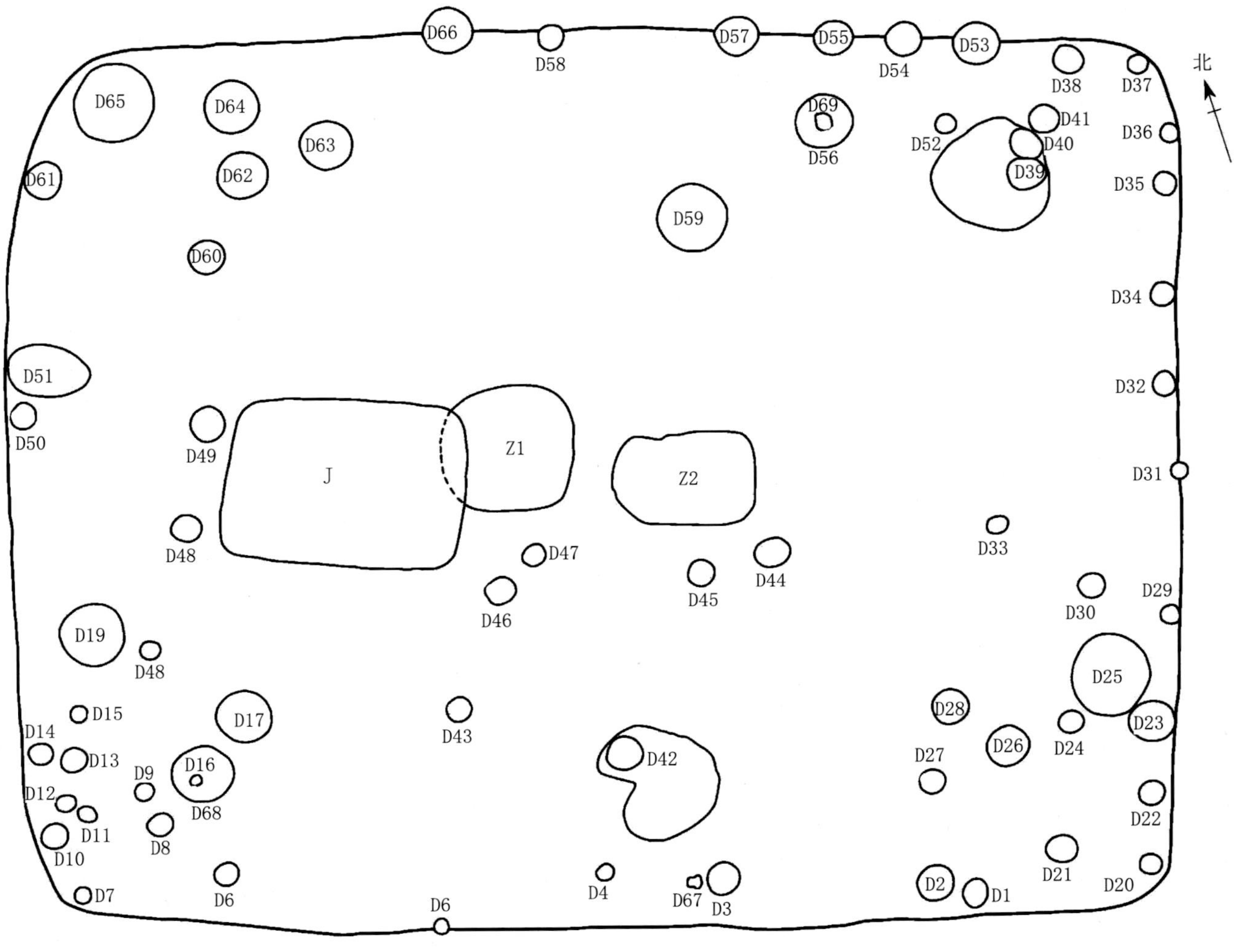

3 号房址平、剖图

图中编号 D 代表柱洞，编号 Z 代表灶址，编号 J 代表窖穴。房址内共发现柱洞 66 个，有边柱和内柱。边柱分布在房址穴壁内四周及四角。其中，东壁 10 个柱洞排列得较有序，几乎为等距离。柱洞一般直径约 0.20 米，深 0.20 米。南、西、北面的壁柱分布较不规律，东南角与西南角柱洞排列密集，东北与西北角柱洞分布较为疏散；内柱分布在房址的四壁内侧，距离边柱约 1 米。在较大的柱坑内，发现了直径较小的双柱洞，如 D39、D40 位于同一柱坑内，应是一处双柱，位于房址中部和灶址南侧。在房址东、西两角处，柱洞排列较无规律，或许是用来支撑屋顶或维护房屋时建造的，有的柱洞底部还垫有石块或石网坠等。

门道、窖穴

在遗址已发掘的新乐文化中、小型房址中，有个别房址是带有门道的，门道为斜坡式，开口向西南或东南方向。窖穴是古人用来储藏食物和器具的地方，多见于遗址中较大的房址内，位置无规律，均为圆形或椭圆形，深 80 ～ 100 厘米。

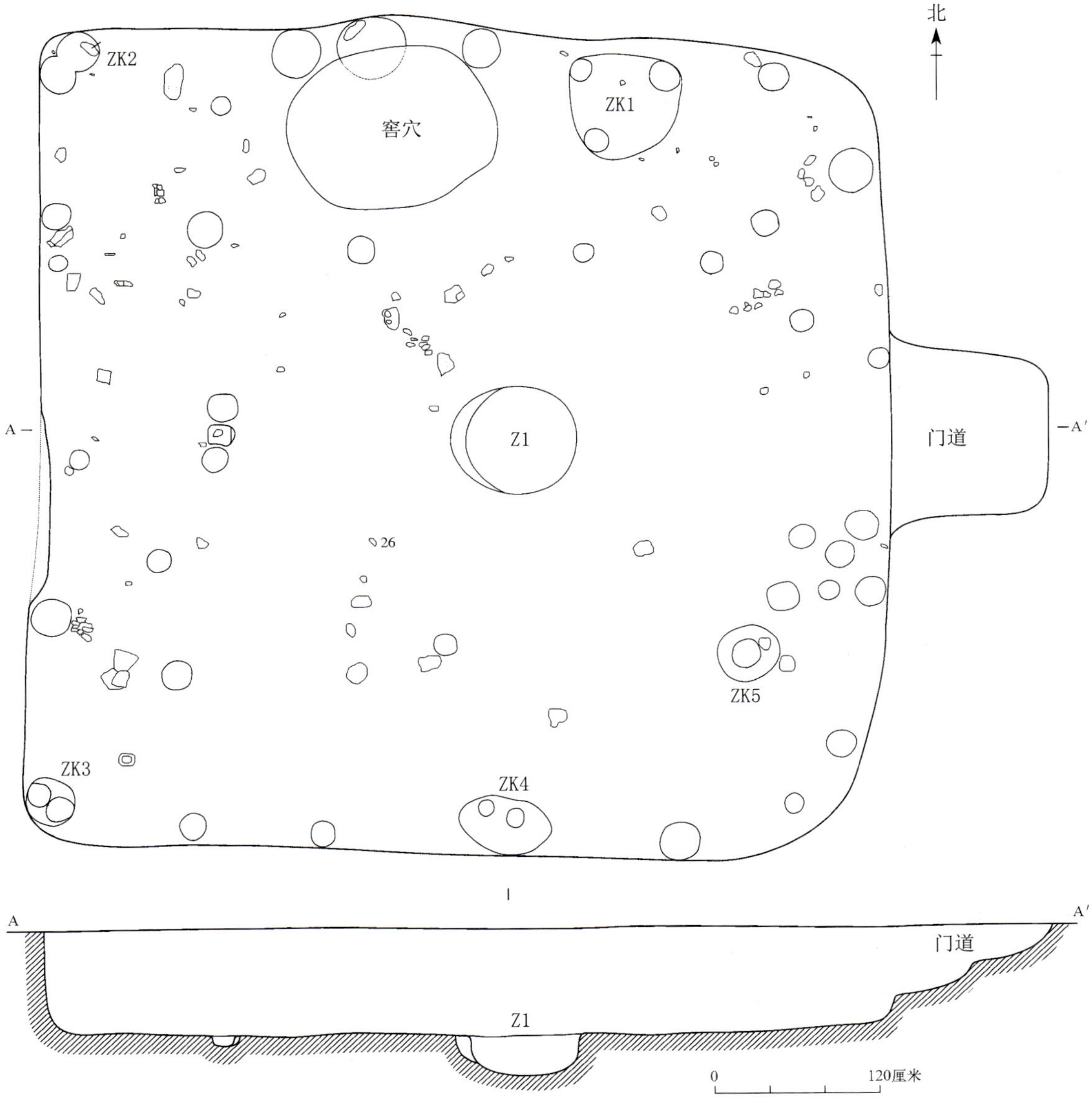

带有门道和窖穴的房址

该房址为带有门道和窖穴的圆角方形半地穴式房屋，东侧两角稍圆弧，西侧两角较直折，穴壁上口稍向内倾。南北长 6.3 米，东西宽 6.2 米，房址穴壁存高 0.85 米，面积约 39 平方米。在东壁中部发现呈斜坡式的门道，宽 1.15 米，长 2 米，门道外侧部分稍长于房内侧。房址内发现了 1 个窖穴，位于北侧偏西处，呈椭圆形，开口于居住面，底稍大于口，上口径 1.7 米，深 0.8 米。窖穴底较平，有较薄的灰白色细泥堆积，其中发现有少量细小的飞禽类肢骨、陶片、石器、煤精等。

火膛

火的使用不仅改变了人们过去茹毛饮血的生活方式，还能为新乐人在寒冷的冬季驱走寒冷、给漆黑的夜晚带来光明，还可以驱走凶猛野兽，减少野兽给人类带来的威胁。新乐人长期吃熟食，不仅增强了营养，也促进了他们体质和大脑的发育。火是新乐人从事生产、提高生产效率的重要依靠。在新石器时代，由于制造工具的不断进步，人类也不断积累了用火、贮火的经验，除获得天然之火外，还学会了人工制火，如摩擦生火、打击取火、钻木取火、压击取火等。

钻木取火

新乐遗址发掘的每座房址都有 1 ～ 2 个火膛，分抹角方形和圆形两种。通常状况下，稍大些的火膛位于房址的中间，火膛的红烧土堆积厚度在 10 ～ 20 厘米，个别较小的火膛位于房址北部或西部穴壁附近，红烧土堆积较少。这种现象说明房屋中间的中心火膛主要是生火、炊饮、照明的地方，而边灶上的火膛通常是由中心火膛的余烬撮搂而来的。还有个别房址地面有撒落的灰烬及红烧土的痕迹，据推测可能是聪明的新乐先民用火膛内的草木灰铺撒在地面上，来驱散半地穴式房屋地面的湿气。

有的房址出现一个完整的火膛旁还有另一个被破坏或废弃的火膛，这种更替移位使用的迹象表明，室内居住面是经过不断铺垫而逐渐形成的，其活动面在不断加厚的同时灶的位置也在变化。在有些火膛附近还出土有斜口器，这些斜口器的口沿有摩擦使用过的痕迹，有的还留下了用火的痕迹，新乐先民很可能是用它来移植或保留火种。

11 号房址的火膛遗迹

16 号房址火膛旁的斜口器

斜口器口部留
下的用火痕迹

斜口器

遮身暖体 美的天性

爱美之心，自古有之。旧石器时代晚期的人类已经开始有意识地装饰自己，他们用石珠、贝壳、兽牙、鱼骨制作装饰品来美化自己，不仅愉悦自己，还可以吸引异性，这是史前人类对美的追求和向往的最初表达。远在旧石器时代的山顶洞人就已经用兽牙等穿连起来作为项饰，同样，新石器时代的新乐人也懂得装饰和美化自己了。

项饰

在对新乐遗址的发掘过程中不仅发现了陶片、石头之类的穿孔饰物，还发现了 14 颗制作精美的玉串珠。其中，最大的一颗高 1.4 厘米，直径 1.6 厘米，孔径 0.5 厘米；最小的一颗高 0.3 厘米，直径 0.5 厘米，孔径仅 0.2 厘米。玉珠发现的数量虽然不多，但它们的制作及穿孔技术却很精湛。根据这些出土的玉珠推测，当时的新乐人已经掌握了玉石的加工技术，他们在给玉石打孔的过程中学会了从玉珠的两面进行锥钻、对钻的制玉工艺。新乐遗址出土的每件玉器，尽管均被火烧过，仍旧遮挡不住精心打磨后的光泽。这些玉珠钻得十分准确，磨制得光滑圆润，说明新乐人的玉石加工技术达到了一定的高度。玉串珠的出土，也标志着新乐人的精神生活已经跨入新的时代，开始对美有更高层次的追求。

新乐遗址出土了 1 件呈水滴状的小石环，褐色泛紫红，中部有斜面穿孔。房址中还出土多件穿孔陶片，为夹砂红褐陶，颜色较为艳丽，推测是史前先民耳颈部的装饰品。

石环

玉珠

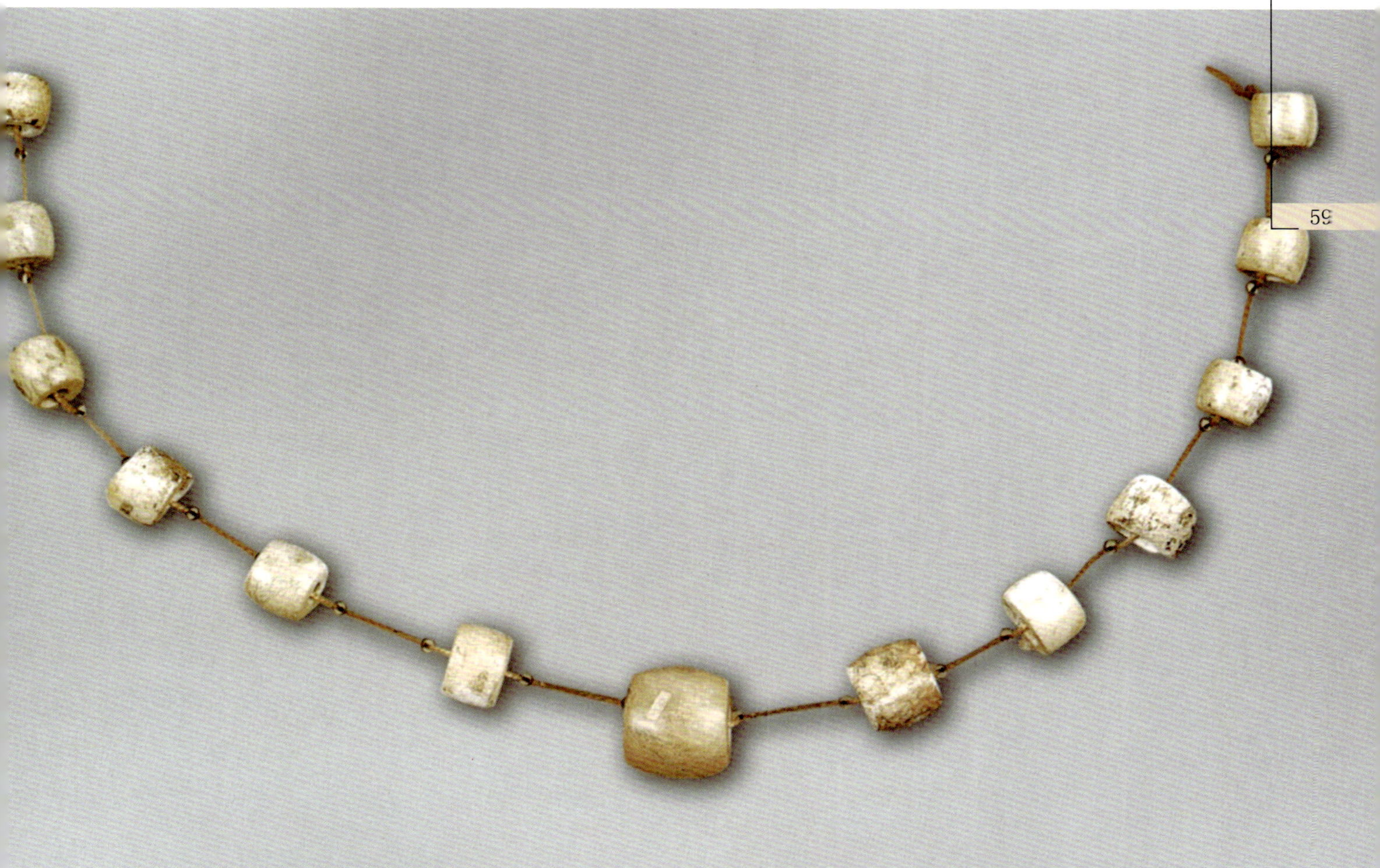

玉串珠

新乐文化穿孔陶片

服饰

在远古时代，人类最初是赤身裸体的，后来为了保护身体，抵御冬日刺骨的寒风、夏日蚊虫的叮咬、野兽的侵袭，人们逐渐懂得在身上披盖树叶、兽皮，并且会用骨针进行简单的缝制。在洪荒年代，新乐人已经懂得利用树皮、树叶和兽皮，来缝制最原始意义上的衣服了。在新乐遗址中发现保存完好的骨锥，可能就是他们制作衣服的缝纫工具。

无袖无领　有袖无领　短裙　无袖单肩

新乐人服饰想象图

发式

发式是人类最重要的装饰形式之一，发式与服饰构成人类外表的整体美。原始人的发式多以披发为主，发式较为简单，饰物不多，一直到新石器时代人们开始出现结发、辫发。从我国各史前遗址出土的文物器物上得知，距今5000年前的马家窑文化陶器上有自然披于脑后的少女式的披肩发，甘肃礼县出土有辫发人头像。甘肃秦安大地湾出土的人像彩陶瓶上，把前额的长发削成齐眉的短发，还有把头发挽起来，或盘在脑后，或簪于头顶的椎髻。

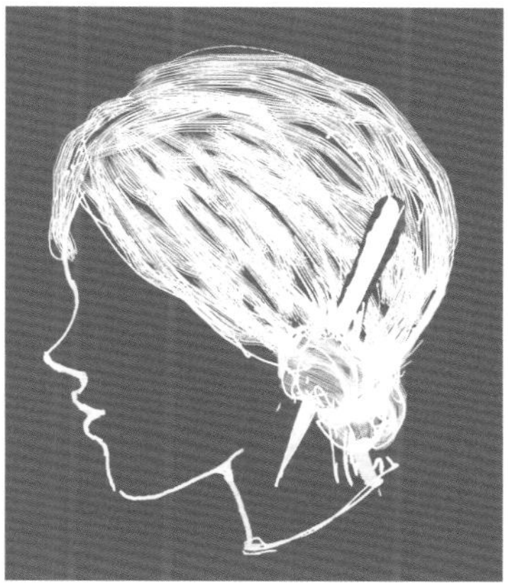

骨笄使用想象图

新乐遗址仅在2号房址出土17件骨笄，均已残断，是用兽骨磨制而成的，呈乳白色。横截面呈圆形，推测这些骨笄是作为簪子用来结发的，可固定头发，便于在田间劳作。由于其出土数量较少，推测大多数新乐人的发式还是以披发为主。

骨笄

原始艺术 精神闪现

原始艺术古朴稚拙，新乐遗址出土了各种充满文化符号的典型器物，陶器、木雕艺术品、玉器等，这些都是原始人物质文化和精神文化碰撞后的必然产物，是实用主义和审美需求的融合。

陶塑艺术

陶器既是生活实用器皿，同时也是一种艺术载体。新乐人除制造出精美的陶器外，还制作出形似猪、狗的小型陶塑。这些陶塑尽管已经残断，但仍可见其写实风格。房址中出土了1件兽头，为夹砂红陶，色泛黄，手捏而成。残高2.1厘米，形状似狗头，脖颈以下残断，吻部扁尖，头上捏出两个尖耳，在两耳之前稍偏处还有一尖状乳突。另外还发现1件陶塑，为泥质褐陶，圆球状，在体侧捏塑一方形凸棱，在凸起部分平顶面上锥刺浅窝，外形与猪头相似，直径3厘米。1件手捏制而成的小陶碗，夹砂红褐陶，俯视呈椭圆形。

陶塑

木雕艺术

在2号房址出土有已经碳化的木雕艺术品，发现于房址的北壁西端。残长38.5厘米，残宽4.5厘米，厚1厘米，出土时已断为3截。此件木雕艺术品由柞木一类的硬木材料制成，这种木料质地细腻，适于雕刻。根据木雕艺术品的纹饰与木纹理推测复原后木雕的长度应该在40厘米左右。

遗址中还出土了许多打磨精细的石刀和玉刀，可以作为雕刻工具使用。从这些石刀和玉刀刃口的锋利程度推测，7200年前的新乐人很可能就是用这些工具制作他们的木雕艺术品的。

木雕艺术品的出土，充分说明了新乐先民雕刻工艺已经达到相当高的水平。从审美的角度来看，其雕刻图案也呈现出了高度的视觉美感。

残存的木雕上部扁平，除长柄外，两面雕刻有纹饰，局部镂雕，下部呈圆柱形。一面保存较差，接近地面的另一面保存较好。木雕造形如鸟，由嘴、头、身、尾、柄5部分组成，两面的阴刻的纹饰基本一致，通体设计图案化，头部旋涡纹，身部饰菱形纹鳞片，尾部布鸟尾纹。雕刻刀法娴熟流畅，线条刚劲细腻，整体造型宛如振翅欲飞的鹏鸟，栩栩如生。

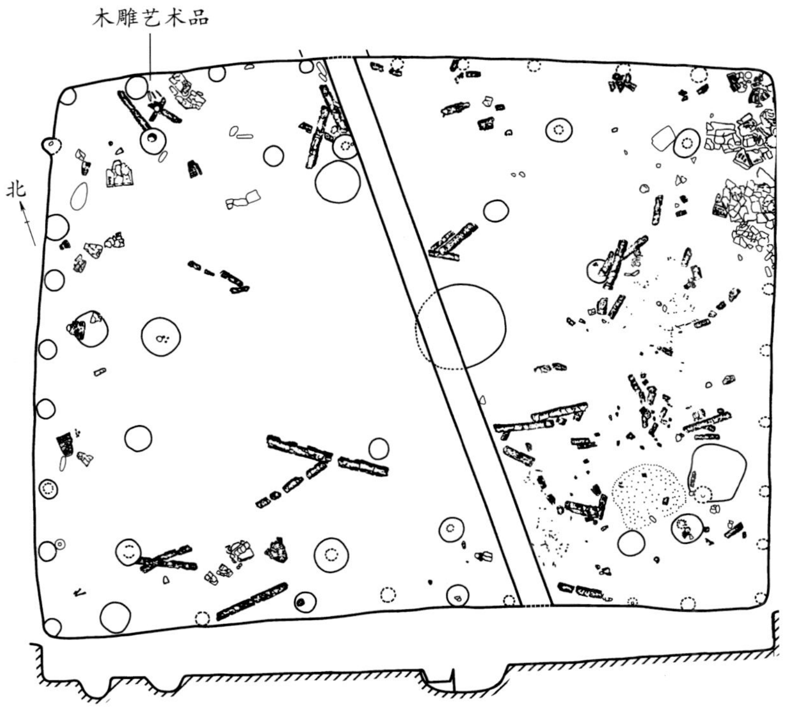

2号房址木雕艺术品出土位置

木雕艺术品的出土，在我国新石器时代考古中极为罕见，可以说是稀世珍品。7200 年前的远古时期，在生产力水平低下、食物来源无充分保障的情况下，人类能创造出如此精美的木雕艺术品，其艺术价值是不言而喻的。

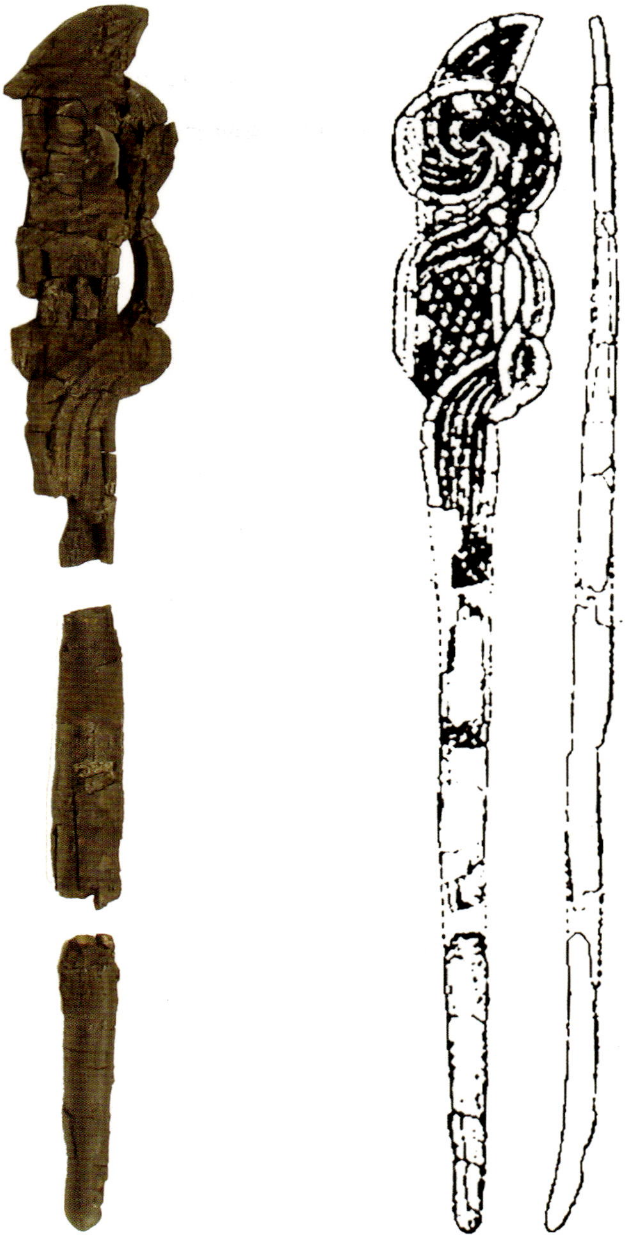

木雕艺术品照片及线图

木雕前部呈扁平状，形如鸟身，头前部有夸张而且硕大的尖喙，圆形头，脊背部残，尾部束收成执柄。以浅刻“V”线纹技法，头部刻圆弧纹，来表现眼睛；身部刻菱格纹，以似羽毛；尾部刻弧线纹；下腹部部分镂空。两面纹饰基本相同，出土时已断为 3 段，并列在一处。

制玉成器

新乐文化的玉器加工要经过打击、切割、琢磨等多道工艺。新乐遗址出土的每件玉器，尽管均被火烧过，仍有精心打磨后较强的光泽。为了追求美，新乐人乐此不疲地耗费大量的时间和精力，用心去打造每一件玉器。从遗址出土的斧式雕刻器、圆凿式雕刻器上依稀可见其制作工艺：斧式雕刻器，因被火烧出土时为牙白色，刃部有裂痕，体扁平，一侧磨圆，一侧有宽 0.3 厘米的凹槽，推测为两面切割坯料时遗留下来的痕迹；圆凿式雕刻器，墨玉质，石质细腻光滑，横断面近圆形。

斧式雕刻器

玉凿　　圆凿式雕刻器

玉凿

新乐遗址出土玉器31件，占出土遗物总量的0.9%。材质基本为岫岩玉，玉料来源应该是辽东山地的岫岩一带。发现的玉料多有切割、磨制的痕迹，颜色有浅青绿色、青绿色、墨绿色、牙白色、鸡骨白色等。

新乐遗址出土的玉珠

第四章

心灵探索

新乐遗址中出土的各种手工制品以及碳化木雕艺术品、煤精、石墨、赤铁矿石等成为『灿烂的新乐文化』的重要组成部分，向我们展示了远古先民的聪明才智、婚姻状态、社会生活以及意识形态。

原始婚姻

母系氏族公社开始于氏族公社的产生，终止于父系氏族公社的确立，大体相当于考古学的旧石器时代晚期至新石器时代。此时，女性在氏族社会中居于支配地位。《庄子·盗跖》中描述了母系氏族的社会现实："神农之世，卧则居居，起则于于。民知其母，不知其父，与麋鹿共处，耕而食，织而衣，无相害之心，以至德之隆也。"这是在描写母系氏族政治的传统，无形中也传达了当时的社会关系问题：民知其母，不知其父。

感受母系文化

母系氏族是建立在母系血缘关系上的社会组织，每个氏族都以一位长者为首领，由全体氏族成员推选出来，因为女性在氏族里居于领导地位，所以通常为女性。女性的地位不仅决定了氏族的母系血统，也决定了她们在社会经济生活中发挥的重要作用。母系氏族时期，人们获得的劳动成果按照平均的方式分配。

以女性为主的氏族制家庭场景模拟图

新乐遗址就是一座典型的母系氏族聚落遗址，它揭示了一段没有文字记载的辉煌历史。遗址的村落布局严谨，建筑井然有序：房址都是小房子围绕在大房子的周围，而大房子呈“品”字形分布，房子间的距离只有 3 ～ 5 米，很密集。其中大房子可能是氏族集体聚会、商讨事务、举行氏族议事会，以及进行各种祭祖仪式的场所，相当于7200年前的“大会堂”。小房子为一般氏族成员的住房。每个房址中间有 1 ～ 2 个以上的圆形火膛，供新乐人炊事、取暖用。房址结构为半地穴建筑，俗称“马架子”或“地窖子”。这种房子的特点是冬暖夏凉，非常适合北方四季分明的气候特征。

从村落的整体规划布局可以看出，这是一个有着一定的制度规范，按照一定的风俗习惯和行为方式生活的母系氏族聚落群体。他们以血缘关系为纽带聚居在一起，在一个女性氏族首领的带领下，过着共同劳动、共同生活、人人平等、产品平均分配的原始共产制生活。

质朴无私的平等生活

恩格斯曾经对母系氏族做过生动的描写，他说：“这种十分单纯质朴的氏族制度是一种多么美妙的制度啊！没有大兵、宪兵和警察，没有贵族、国王、总督、地方官和法官，没有监狱、没有诉讼，而一切都是有条有理的……大家都是平等、自由的，包括妇女在内。他们还不曾有奴隶；奴役异族部落的事情，照例也是没有的。”同样的，《礼记·礼运篇》中也谈到远古时代的社会情况：“大道之行也，天下为公。选贤与能，讲信修睦。故人不独亲其亲，不独子其子，使老有所终，壮有所用，幼有所长，矜、寡、孤、独、废疾者皆有所养，男有分，女有归。货恶其弃于地也，不必藏于己；力恶其不出于身也，不必为己。是故谋闭而不兴，盗窃乱贼而不作，故外户而不闭，是谓大同。”

在母系氏族公社里，土地、房屋、牲畜等都归公社集体所有。氏族成员共同劳动，共同消费，食物实行平均分配。氏族里设有代表氏族最高权力机关的议事会，族长由氏族议事会选举产生，一切重要的事都由氏族议事会讨论决定，一切重大问题都由全体氏族成员参加的氏族会议作出决议，大家过着平等的生活。氏族成员死后都埋在公共墓地里，随葬品的种类和多寡也没有什么差别，无贫穷富有之分。在氏族议事会中，氏族的每个成年男女都享有平等的“投票权”。氏族成员有相互援助的义务和血亲复仇的习惯，有共同的基地和共同的宗教节日。在母系氏族时期，氏族的财产属集体所有，按母系传递，即由祖母传给母亲，由母亲传给女儿，但是绝不能转移至外氏族。

新乐人的婚姻

人类婚姻主要有三种形式：群婚、对偶婚、一夫一妻制。从婚姻的词义、目的与仪式来考察，群婚并不是婚姻，对偶婚才是人类第一种婚姻形态。对偶婚的望门居阶段是现代婚姻萌芽期，从妻居阶段是现代婚姻初步发展期，从夫居阶段是现代婚姻形成期。一夫一妻制是现代婚姻的完备形态。

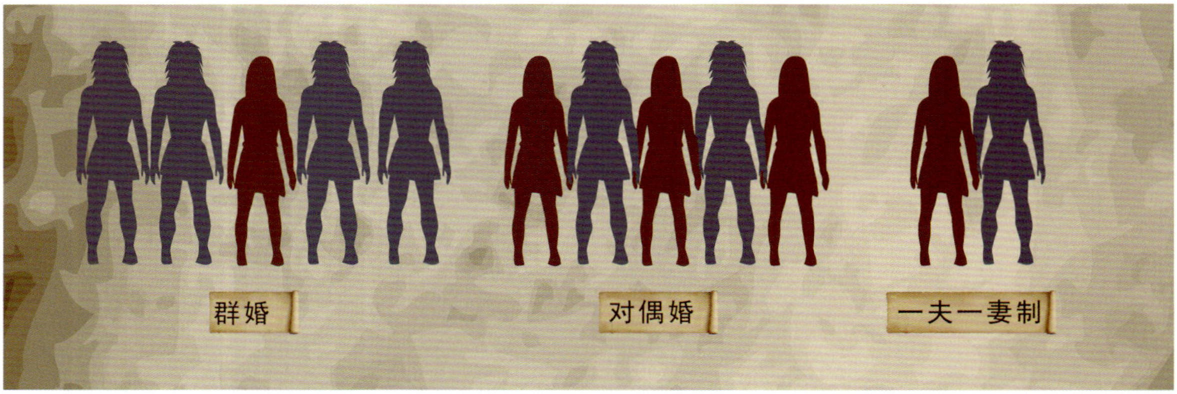

人类婚姻演变示意图

婚姻形式在早期是群婚，在群婚的形态下，子女只能确认生母，而不知生父。《公羊传》（儒家经典之一，是专门解释《春秋》的一部典籍）说："圣人皆无父，感天而生。"所谓"无父""感天而生"，实际是母系制婚姻形态的反映。到了母系氏族繁荣期，由于对偶婚的出现和逐步巩固，丈夫迁到妻方氏族从妻居。

在原始社会母系氏族时代末期，出现了相对稳定的对偶婚制。对偶婚，亦称对偶家庭，是指原始社会时期，不同氏族的成年男女双方，在或长或短的时间内由一男一女组成配偶，以女子为中心的婚姻形式。对偶婚阶段，妇女管理氏族事务和经济生活，都是男到女家，也就是男子婚后成为女方氏族大家庭的成员。男方居住在女方的住处，他们之间两厢情愿，保持不受约束而稍有固定关系的同居形式。由于一男一女的对偶婚已经相对稳定，故其所生子女知母亦知父，只是其姓随母而不随父罢了。

新乐遗址所处的年代属于新石器时代的繁荣时期，原始畜牧业、原始制陶业及原始建房技术，都得到一定程度的发展，人们过着比较稳定的定居生活。从遗址聚落、房址遗迹，以及出土的器物等，可以推测当时新乐人的婚姻制度已经过渡到了对偶婚阶段，男女双方在一段时间内建立了比较固定的偶居关系，家庭在氏族社会中也有了很大程度上的独立性。

原始婚姻的“活化石”

在非洲、美洲、亚洲等地发现还有至今仍处于母系氏族公社阶段的民族。在我国云南省和四川省交界的泸沽湖畔，居住着近 4 万多名摩梭人，他们至今仍保留着典型的母系氏族公社阶段的生活风貌，被人们称作人类历史的“活化石”。

据说，摩梭人具有悠久的历史，已有 2000 多年的沿革。由于泸沽湖地处偏僻，居住在这里的摩梭人长期与外界隔绝，至今还保留着母系大家庭和阿注婚（云南永宁地区纳西族与普米族婚俗之一，为以母系为主临时结交同居的婚姻形态）的习俗。在这个母系大家庭里，成员都实行阿注婚。所谓阿注婚就是子女随母而居，成员由一个祖母或几个始祖母的后裔组成，血统按着母系计算，财产为母系家庭共有。这样的家庭中由一个德高望重的妇女任总管，对外关系和重大礼仪由舅舅担负，家庭中心是母亲。母亲在家庭中抚养子女、赡养老人、掌管经济、承担农活与家务，地位十分重要。如果母亲年龄大了，就把钥匙交给女儿。掌权者不仅比别人劳动多，而且还不能有私心，要一视同仁。这些现存婚姻制度的“活化石”从另一个侧面，也将原始母系氏族婚姻的影像流传了下来。

墓葬溯源

浩如烟海的历史典籍，对古人类历史的记载极为有限，考古学的出现与成熟，为人类历史找到了一条回归的途径：现代人通过系统的发掘，把古人类生活繁衍乃至死亡丧葬的场所真实地重现出来，用一处处场景与出土文物，把残缺、破碎的历史重新连接起来。考古结果固然勾人心魄，但更令人激动的是考古过程，这些丰富惊奇的发现，简直犹如探寻“原始人类密码”般引人入胜，充满奇迹与可能。拨开几千年前的历史迷雾，令人对远古时期新乐人葬制的大胆猜想，如磁石般吸引着天性好奇的人们。下面，就请随我们走进新乐，探索至今依旧无法定论的新乐人墓葬之谜，共同去获取那份无可替代的感受吧！

新乐人丧葬场景想象图

深邃的墓葬文化

中国传统的葬式是土葬，土葬必有坟墓。要了解古代的埋葬制度，首先应该考察墓葬的起源以及其形成和发展。

原始社会初期的人们并不掩埋同类的尸体，而是弃之于原野山谷。孟子在其所著《孟子·滕文公上》中记载："盖上世尝有不葬其亲者，其亲死，则举而委之于壑。"但是人们不忍心亲人的尸体遭受野兽、昆虫的噬食，大约从旧石器时代中期开始，人类有意地对死者进行埋葬，这固然是出于对自己集团成员的关怀，眷恋死去的亲人，更重要的是与灵魂观念和原始宗教的产生有关。也许人们想象那些逝去的氏族首领和家长、亲人、朋友具有生者不具备的神秘力量，在冥冥之中仍然可以降福。基于这种幻想，人们自然而然地形成了对逝者的崇拜，也就有必要对尸体进行一定的处置，加以保护，由此便产生了各种葬法和葬礼。

考古发掘证明，18000 多年前旧石器时代晚期，处于母系氏族社会早期的山顶洞人已把自己居住的山洞的深处用作公共墓室，在那里覆土掩埋死者的尸体。他们认为逝者应该享有与活着的人一样的待遇，在逝者的尸体上撒上红色的赤铁矿石粉末，并将石器工具和石珠、穿孔兽牙等装饰品作为随葬品。随着生产工具的发展，到了新石器时代，人们开始在地面上挖掘土坑，把尸体掩埋在地下。这种能更好地保护尸体的、真正意义上的土坑葬方式，逐渐成为最普遍的葬法。

考古工作者从距今 7000 ～ 5000 年前，母系氏族社会繁荣时期的黄河流域仰韶文化遗址中，发掘了 2000 多座墓葬，其中绝大多数是土坑葬。这些遗址都有与居住区相距不远的公共墓地，墓地中的葬坑鳞次栉比，其布局同当时人们居住的村落相似。有的葬坑底部和四壁经过了加工。当时的人们对夭折的幼儿往往采用瓮棺葬的方式，用盆、钵覆盖瓮口，埋葬在住房附近，并在盆、钵中央留出小孔，以备灵魂出入。

遗址中的新乐上层文化有土坑葬和类似瓮棺葬的遗迹，但在新乐文化层中却没有发现墓葬遗迹。我们只能猜想早期新乐人的墓葬形式是如同长江、黄河流域的大部分母系公社的原始丧葬一样，也采用瓮棺葬的方式埋葬幼儿的遗体，或还是采用土坑葬，亦或是他们有着自己极为特殊的丧葬形式呢?

如今，这一切猜想都只能作为问号和疑团，等待更多的考古学家和古人类学家通过更多的挖掘、探源、揭秘、求证来进一步验证早期新乐人的丧葬习俗，为世人解开新乐文化之谜。

图腾故事

“图腾”一词最早见于1791年在伦敦出版的英国商人——人类学家龙格所著的《一个印第安译员兼商人的航海探险》一书中。图腾广泛存在于世界各地，图腾崇拜的对象也极为广泛，主要为动植物，其中动物占绝大多数。

在中国，第一个把totem一词译为中文“图腾”的人是严复。严复不仅创造了“图腾”一词，还使中文图腾一词将古史上的人兽之间的怪诞传说同图腾联系起来，因而被岑家梧先生称为“中国图腾制度研究第一人”。

在原始人的眼里，图腾实际上是一个被人格化了的崇拜对象。原始时代的人们相信某种动物、植物或其他物品具有某种超自然力，于是把它们的形象刻画或雕塑出来作为自己的祖先或保护神，他们相信这些图腾会保护自己，并且还能获得它们的力量和技能。

图腾产生于母系氏族社会时期，当时的生产力低下，人们在严酷的自然环境里生存、繁衍，对变化莫测的自然界充满幻想和憧憬。当原始社会发展到了采集、渔猎经济阶段，人类有了原始宗教。他们对人类繁衍的缘由也不清楚，以为自身的繁衍是这些作为图腾的动植物带来的结果，所以在原始宗教的基础上，产生了图腾崇拜这种原始社会渔猎时期发生的宗教形式对当时的文化艺术有极大影响，领域广泛：部族装饰、图案、绘画、雕刻、音乐、舞蹈……可以说，图腾崇拜是自然崇拜或动植物崇拜与鬼神崇拜（祖先崇拜）相结合的一种宗教形式。

人与图腾之间的关系目前来说，普遍认为存在以下几种认识：

一种说法是图腾与原始民族具有血缘关系，并以图腾名称作为群体名称。这是源于远古先民的眼界狭隘与氏族制度的特点。原始人不懂得人类繁衍的道理，认为本氏族的祖先与某种动植物，特别是动物有着密切的联系，氏族的祖先就是图腾动植物的化生或转世。

在原始人类心目中，动物既与人类有许多地方相似，又有许多人类没有的优势，如鸟能飞，鱼能游，虎、熊、狼、蟒有着健壮的躯体、极其顽强的生存能力、令人敬畏的捕食本领……这一切，都是原始人类把动物放在图腾对象第一位的原因。

另一种说法是图腾是群体的祖先，认为群体成员是由图腾所代表的动植物繁衍而来的。他们相信这些动植物不仅不会伤害自己，还能保护自己，并且能获得它们超人的力量、勇气和技能。而作为图腾祖先的动植物，集团中的成员都要加以崇敬，不得损害、毁伤或杀害，违犯者必定受到惩罚。

还有一种说法是图腾具有某种神秘的力量。人们认为图腾是群体的保护神，对图腾信仰有着神圣不可侵犯、敬畏膜拜、祈祷赐福保佑的原始信仰。原始人类对于图腾祖先的观念是根深蒂固的，产生了图腾保护神的观念。他们以这种共同信仰来指导身体装饰、日常用具、住所墓地的装饰等。

图腾文化是人类历史上最古老、最奇特的文化现象之一，它的核心是图腾观念。图腾观念激发了原始人的想象力和创造力，逐步滋生了图腾名称、图腾标志、图腾禁忌、图腾外婚、图腾仪式、图腾生育信仰、图腾化身信仰、图腾圣物、图腾圣地、图腾神话、图腾艺术形式与内容，从而形成了独具一格、绚丽多彩的图腾文化。

图腾外婚

中国西南少数民族历史上曾普遍存在图腾外婚现象。图腾外婚是原始人为了生存目的逐渐形成的一种行为模式、活动规则与生活习惯，是民族社会集体表象的重要表现。从本质上来说，图腾外婚是原始社会的生存制度或生存设置。

共同崇拜的太阳鸟

大量考古发现表明，中国的“太阳鸟”崇拜大约产生于距今8000年前的农耕文明初期，多体现于将太阳与神鸟融为一体的太阳神鸟纹。浙江河姆渡出土有“双鸟捧日”“双鸟共日”“双鸟拱嘉禾”等饰纹。在其他新石器时代遗址中，也经常能见到“太阳鸟”饰纹，大都是太阳与鸟的组合，或在太阳中刻绘鸟纹，或在鸟身上刻绘太阳纹。

太阳崇拜与鸟灵崇拜，是人类社会最早的两大崇拜，而且太阳崇拜几乎和鸟灵崇拜融为一体。在人类的原始思维中，太阳便是天空中飞翔的一只火鸟，一方面，太阳给人类带来了光明，带来了取暖、烧烤食物的火种；另一方面，远古农耕民族的稻作文明最早是从鸟兽处学来的，也就是古籍中常见的“兽耕鸟耘”之说。故野鸟多的地方，野生稻自然丰产。也许正因为如此，原始人类便将鸟与太阳视作同等重要的神灵，形成融二者为一体的太阳鸟图腾崇拜。

让人颇为惊奇的是，这种“太阳鸟”还曾经是全人类共同的崇拜物。中国古代的鸾或雒，日本的天照大神、古埃及的赖鸟、古美洲的雷鸟、古印度的迦娄罗鸟、蒙古的脱斡林勒鸟等都是太阳鸟。分散于世界各地的人类祖先不约而同地对这种太阳鸟产生了崇拜，其间究竟有何玄奥之处？这是一种巧合，还是有着更深层的联系呢？只有靠今后的探索来逐步得出结论了。

太阳崇拜

进入新石器时代以后，即人类开始农业和畜牧业生产以后，太阳对人才有了直接的利害关系，人们才感觉到自己的劳动成果受到太阳的制约，从而促使人们较多地思考太阳，猜想太阳。中、南美洲的太阳神殿，中国各地史前文化或奴隶制文化时代的各种太阳造型，都是太阳崇拜的体现。

祭祀场景模拟图

关于新乐先民图腾的猜想

据古史传说，我国从三皇五帝开始，几大部落都有自己的图腾制度，也都有着独特的图腾徽记。

在我们的古史传说时代，有许多祖先吞鸟卵而生的传说。其中商族就是一个崇拜鸟图腾的氏族集团，有据可查："天命玄鸟，降而生商。"这句话取自《诗经·商颂·玄鸟》，短短的 8 个字里蕴含着一段美丽的神话传说：商人祖先认为鸟是他们的生命之源，因而对鸟的崇拜即是对自己祖先的崇拜。

商周以前，燕山南北及辽东半岛、黑龙江流域、山东半岛和淮河流域，分布着众多侯国或部族，他们大都以鸟为图腾。

在我国东北地区生活的满族也承袭了鸟图腾的传统，神话中满族始祖的诞生与喜鹊有关。有一天三位仙女从天而降来到长白山下的一个湖泊中，三人游得正欢时，突然飞来了一只嘴里衔着红果的神鹊（喜鹊），神鹊在其中一个仙女的头上盘旋了一阵后，将一颗红果丢下，恰好落入了她的口中，之后她怀孕并诞下了一名男婴，这名男婴便是满族先祖——肃慎族人的祖先，后来的肃慎族人便一直将喜鹊视为自己的先祖，并产生出一种图腾崇拜。

肃慎

中国古代东北民族，是现代满族的祖先。亦作息慎、稷慎。《山海经·大荒北经》："大荒之中，有山，名曰不咸，有肃慎氏之国。"传说舜、禹时代，已与中原有了联系。舜时，息慎氏朝，贡弓矢；禹定九州，周边各族"各职来贡"的，东北夷即有肃慎。《史记·五帝本纪》叙述舜时"方五千里，至于荒服"。在来贡的诸民族中有息慎。《集解》引郑玄的注解说："息慎，或谓之肃慎，东北夷。"

肃慎的支族——女真族的图腾也与鸟有关。女真族崇尚萨满教，而传说中女萨满就是海东青（传说中的神鹰）所化，海东青就成为女真族的图腾。从这个意义上说，是否可以大胆猜想：在相同区域生活的远古时期的新乐人也把鸟作为自己部族的图腾呢？

随着新石器时期古人类文化遗址——新乐遗址的发现，出土于新乐遗址的木雕艺术品呈现在人们眼前。

经专家分析，木雕艺术品应属于新乐原始部落的图腾崇拜。论其图案形状，有人认为似鹰、似喜鹊、似鸟、似猫头鹰，但绝大多数人认为是“鸟”形。它的造型让人联想起《庄子·逍遥游》中描写的大鹏鸟的形象：头长尾大，形体浑厚庄严。嘴之大，象征气吞山河之势；背之长，使人有“北冥有鱼，其名为鲲，鲲之大，不知其几千里也，化而为鸟，其名为鹏。鹏之背，不知其几千里也”之感。

新乐出土的木雕艺术品是史前艺术的杰作，其构图完美，线条流畅，是史前人类思想感情和理想境界作用下的产物。原始宗教与原始艺术是密不可分的，就某一件或某些原始

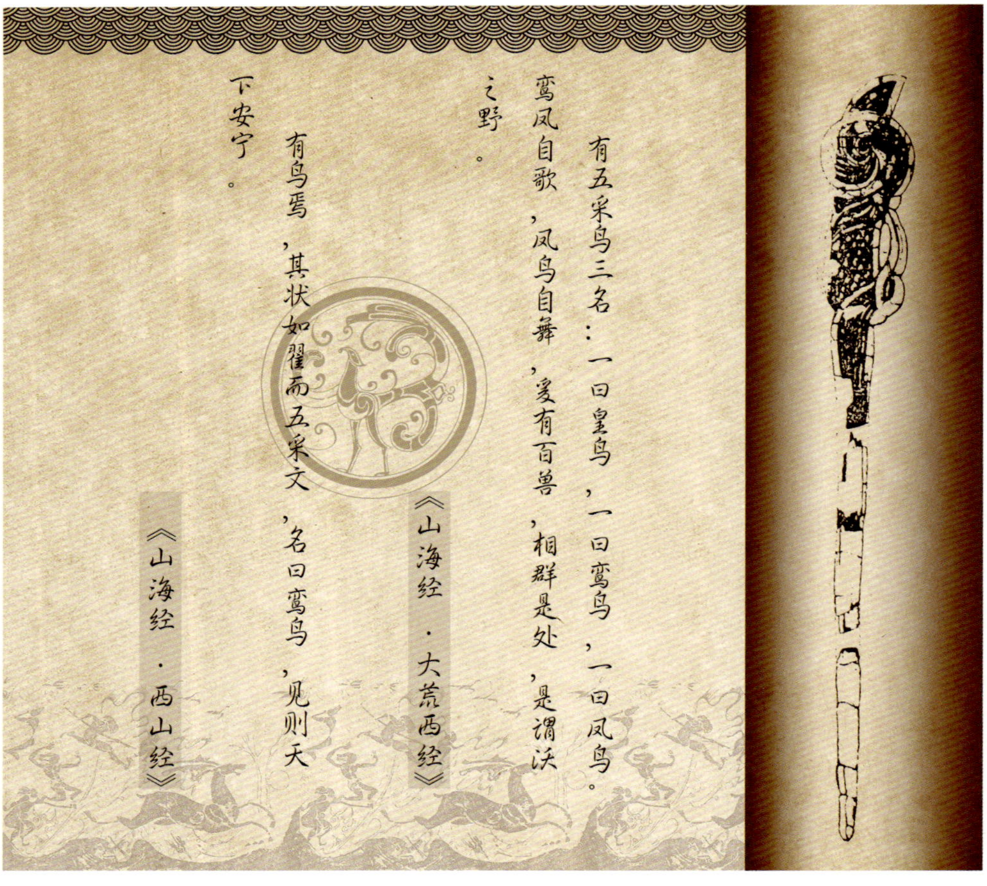

新乐遗址出土的鸟形木雕

工艺品来说，它甚至就是某种原始宗教观念、巫术或某种图腾的信仰符号。木雕艺术品出土于2号房址的西北角，或许与古人习惯在西北角进行宗教活动有关。有学者认为，木雕艺术品是权力的象征，可以充当权杖，新乐人的首领将它的柄部插在房屋固定部位，以示其神圣地位。这件木雕艺术品究竟是用来做什么的？它来自何处，象征着什么？一切的一切，至今仍无法定论。不过，也许正是由于难以准确判断，才使这件艺术品具有了独特的魅力。

这件蜚声海内外的木雕艺术品作为沈阳人祖先的图腾，是原始社会先民创造出的艺术珍品，是沈阳历史源远流长的最早标志，成为沈阳人民最珍爱的吉祥物。

也许是现在的沈阳人感到了某种神奇的力量，他们将7200年前的那件古老的木雕艺术品想象成能够带来光明的太阳鸟，并将其形象作为沈阳市的标志竖立在沈阳市政府广场中心。2010年，太阳鸟雕塑从市政府广场移至沈阳新乐遗址博物馆广场中央，作为沈阳人对一个时代的记忆永远保存在新乐遗址——这个它“出生的地方。”

沈阳新乐遗址博物馆的太阳鸟雕塑

矿石猜想

遥远的新石器时代，是一个让人浮想联翩的时代。生活在距今7200多年前的新乐人，用他们独特的手工制品，向我们展示了他们富于想象、长于创造的原始手工艺技能。根据考古发掘，当时的人们将煤精、石墨、赤铁矿石等材质的原料采集回来，并加工成不同形状的工艺制品。虽然生活条件艰苦，但他们制作出极富想象力的原始手工艺制品，因其具有打磨精美的工艺、奇异的造型以及目前尚不可知的功用，为新乐遗址文化披上了一层神秘的面纱。岁月的年轮并没有抹去它们的光辉，反而使它们沉淀出别具一格的古朴韵味。

独特的煤精制品

煤精的特点是质地细密，没有纹路，质轻坚韧，黝黑发亮，光泽极强，具有明亮的沥青和金属光泽，是一种理想的工艺雕刻材料。自古以来，煤精就被用来制作项链、手链、手镯、佛珠、护身符等饰物，亦可充当印石之用（市售黑色印章坯料多为煤精）。是继琥珀之后又一种难得的珍贵工艺用材。

（清）陈目耕《篆刻针度》："煤精石，色黑而质坚韧，体轻有似乌犀出秦中可作为印。"

1973年，沈阳新乐遗址首次出土了煤精制品，这是我国煤精雕刻史上最早的实物，这一发现使煤精的雕刻历史上溯至7200年前。

沈阳新乐遗址出土了311件煤精制品，占出土遗物总量的8.8%。这些煤精制品主要有泡形器、球形器、耳珰形器3种主要器形。其中，泡形器106件，约占出土煤精遗物的34%；球形器85件，约占出土煤精遗物的27.3%；耳珰形器30件，约占出土煤精遗物的9.6%。此外饼形器、橄榄形器、盔形器、扁圆形器及半成品共26件，约占出土煤精遗物的8.3%。还出土了煤精料块64件，约占出土煤精遗物的20.8%。

目前，新乐遗址出土的煤精制品是中国史前遗址中仅有的文化现象，在新乐遗址中此类遗物出土比较普遍，新乐文化的每座房址中均有发现。从诸多房址内出土的胚料和经过刮、磨的半成品看，新乐先民是将煤精原料带回本地，并在居住地加工制成的。

这些煤精制品均制作精致，打磨乌亮，加工制作的痕迹明显，堪为原始艺术珍品。泡形器表面磨光，而其内部圆凹面的光滑度高于表面，更为细腻油润。从泡形器的半成品观察，其制作过程应该是先对胚料压琢、刮削，使之基本成形，再精磨、抛光。

人们在赞叹这些奇特的煤精制品制作工艺精湛的同时，其独特的神秘感也带给人们更多的谜团和疑惑。

首先，主要的3类煤精制品（泡形器、球形器、耳珰形器）各有大、中、小之分，可以分别配成大套、中套、小套煤精器具。

其次，这3种主要器型的奇妙之处在于都是一面凹陷，一面突出，没有任何支点，处于不稳定的状态。经观察发现器物凹凸面上有互相磨损的痕迹，由此推测很可能是与其他物

泡形器

泡形器规格不一，大者直径5厘米，小者直径2厘米，高0.9～1.5厘米不等，底圆厚，有些精品边薄如刃。

遗址中还发现了1个三曲形的泡形器，基本造型已经完成，近似成品，通身留有刮削痕迹。这种具有曲线美的器物造型在唐宋时期才出现，有三曲、四曲、六曲，但并不多见，由此可见，新乐人的想象能力，已由简单向更为复杂的层面发展了。

球形器

球形器的直径为0.9～2厘米不等,通常磨制得非常光滑圆润。

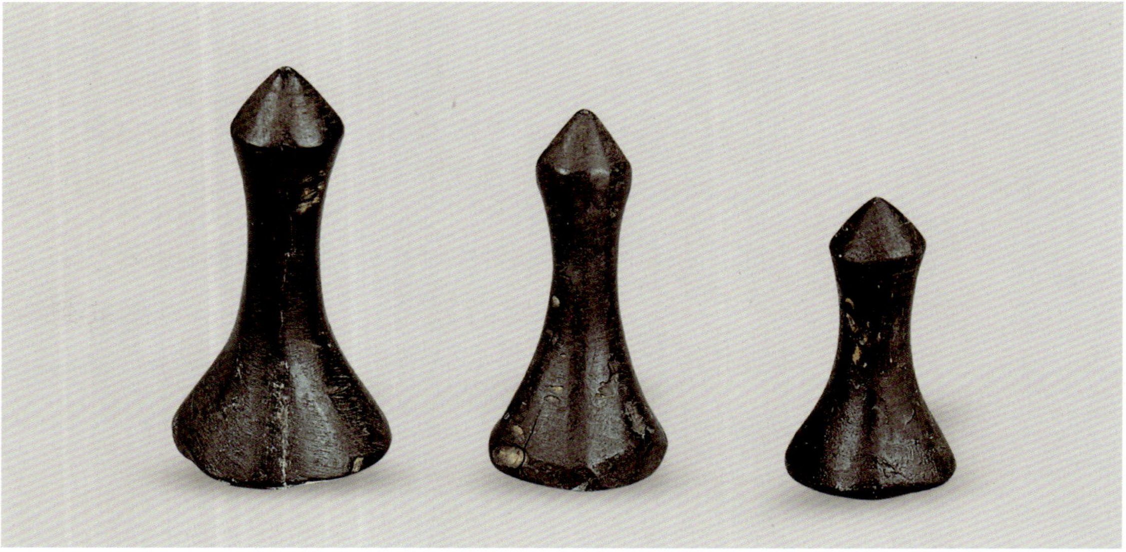

耳珰形器

耳珰形器高2.4～3.5厘米不等，底部直径1.2～1.6厘米不等，看起来很像跳棋棋子的样子，造型独特。

件配套使用。还有少量的圆锥形、椭圆形、橄榄形的煤精制品，无孔无鼻，无法系戴、悬挂。种种现象让人不禁疑惑新乐人用这种乌黑发亮的煤精做各种出形状奇异且具有特殊的神秘感和不稳定感的煤精制品到底是做什么用的?

专家推测，当时的新乐人很可能是用这些器型不同的煤精制品通过某种特殊的方法组合成套，作为一种“求神祭天”的占卜用具，来预测祸福吉凶；或是作为记事的物品；又或是特殊用法的装饰品、早期的货币、画笔、玩具……其具体用途众说纷纭，还需要进一步探索。

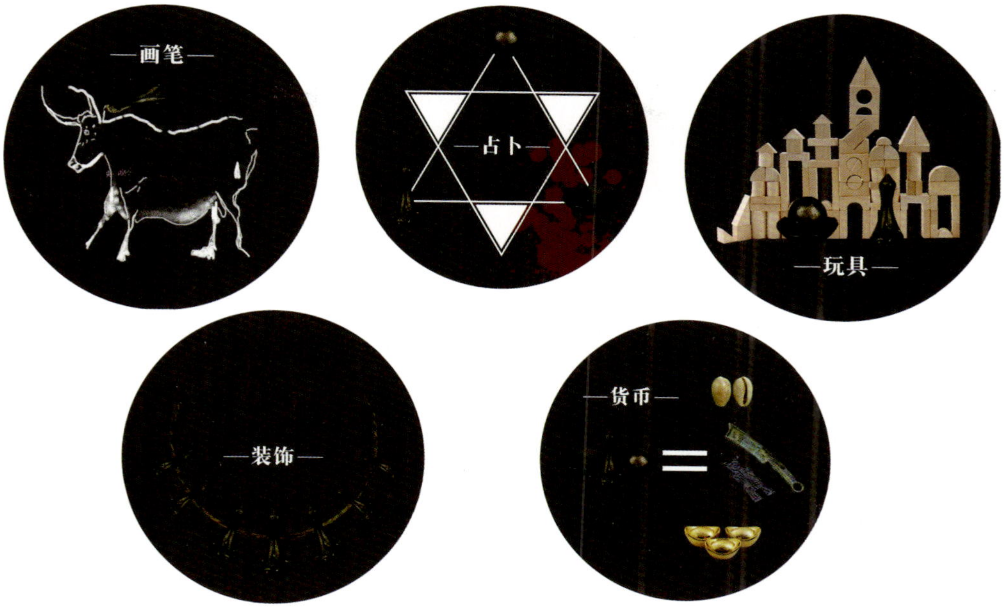

关于煤精制品使用的几种猜想

再次，中国辽宁省抚顺市是煤精的主要产地，经专家鉴定，新乐遗址出土的煤精制品原料均产自抚顺西露天煤矿。但是，从沈阳新乐遗址所在位置到抚顺西露天煤矿相距近百里，它们是如何跑到这么远的抚顺进行挖掘采集的呢？有学者认为，新乐人很难直接得到煤精、石墨、赤铁矿石等，可能都是与附近部落辗转交换而来，是物物交换的结果。

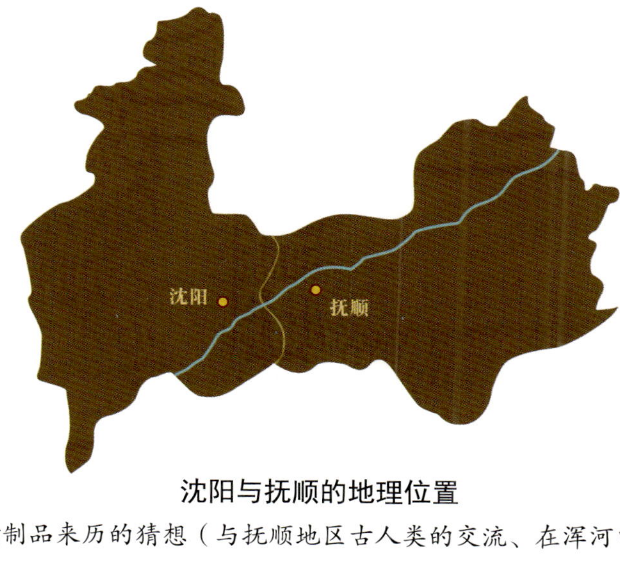

沈阳与抚顺的地理位置

关于煤精制品来历的猜想（与抚顺地区古人类的交流、在浑河中的采集）。

不得不说的是，虽然 7200 年前的新乐人早已有制作煤精制品的习惯，但煤精雕刻工艺真正作为一门艺术，还是近百年的事情。如今，随着煤精矿藏的日渐珍贵，煤精工艺品已被视为绝世之宝。

原始艺术的画笔

石墨是稀有矿物质，是一种结晶形炭，被称为炭精或黑铅，可画出黑色线条。遗址出土的石墨碎块均为不规则形，体积很小，石墨每件棱角上都有明显的摩擦和使用痕迹，推测是新乐原始先民的画笔。遗址中出土文物上的诸多纹饰，或许就是新乐先民用石墨创作出来的。无论是直接用作画笔，还是别有他用，都说明新乐人在装饰审美上更加进步了。

长 2.0 厘米，宽 2.0 厘米，厚 0.7 厘米。

长 1.9 厘米，宽 2.4 厘米，厚 0.9 厘米。

长 4.5 厘米，宽 2.6 厘米，厚 2.2 厘米。

石墨

“铁玫瑰”的用途猜想

赤铁矿是一种铁的氧化物。大多数情况下，赤铁矿晶体呈扁平状，或薄板状，有些赤铁矿晶体为板状成簇组成玫瑰花状，所以它还有个浪漫的名字叫“铁玫瑰”。赤铁矿结晶呈铁黑色或钢灰色，而土状或粉末状赤铁矿呈鲜红色，赭石就是这种红色的土状赤铁矿，被作为颜料使用。

沈阳新乐遗址出土的赤铁矿石多为不规则形的块状，根据其摩擦面的痕迹推测，赤铁矿石在当时很可能是新乐人进行绘画、书写的颜料。由于赤铁矿石呈红色，这种如火似血的色彩一定给新乐先民留下了极其深刻的印象，他们以原始、直接的方式渲染对世界最初的感悟，通过那些在身体、器具、墙壁、建筑上满饰的纹饰与色彩，足以表达出他们内心朦胧的向往与喜悦。

另外，从这一时期新乐人的生产水平、生活状态，以及社会氏族的形成，我们还可以猜想新乐人已经产生了原始宗教。原始宗教的产生是社会生产力发展到一定阶段的产物，旧石器晚期的北京山顶洞人骸骨周围出现的含赤铁矿石的红色粉末，以及1856年在德国发现的尼安德特人的遗骸周围散布着的红色碎石片，这些将红色颜料撒于尸体旁的行为，可以说是一种当时的原始宗教。也许那时的人们已对死亡有了一种观念：他们用红色作为血的象征，一方面表达活着的人对逝者的留恋，另一方面也许是期待逝者与生者一样活着。新乐人比山顶洞人晚了1万年，此时期的原始宗教必然有了新的发展。然而令人感到遗憾的是，目前尚未发现与新乐下层文化有关的墓葬实物。但作为合理的联想，赤铁矿石是作为原始丧葬中原始宗教的一种重要原料，这一推测也非常合理。

长5.2厘米，宽3.1厘米，厚2.5厘米。

长2.2厘米，宽2.0厘米，厚1.2厘米。

长1.1厘米，宽1.0厘米，厚0.8厘米。

长3.0厘米，宽2.7厘米，厚1.5厘米。

赤铁矿石

新乐未解之谜

新乐先民们制造了精巧细腻的工具；掌握了具有划时代意义的烧制陶器技术，并将它们应用于生活，改变生活；他们开始了对偶婚，母权制深入社会生活的各个领域，人类结束了蒙昧状态，建立起以女性为中心的社会结构；他们为了应付恶劣的自然环境，在万物有灵的基础上，各氏族和部落也建立了自己的神灵和图腾崇拜；根据同时期文明以及出土的大量史料推测，也许他们还有了原始丧葬的概念。但是，新乐遗址仍然给人们留下了许多至今无法确定的未解之谜。

未解之谜一：新乐人的祖先是谁？

关于新乐文化的起源，至今仍是一个谜团。通过与其他文化的比较和出土器具的造型、纹饰、工艺等方面来看，没有足够的证据和资料证明新乐文化和其他文明的起源有着直接的联系。从贯穿于辽河流域（辽宁、内蒙古、吉长地区），距今 8000 ～ 6000 年前后，孕育的一种具有特色的文化——筒形罐与压印“之”字纹陶器看，新乐文化是否是辽河流域特有的土著文化呢?

未解之谜二：新乐人去了哪里？

从距今 8000 ～ 7000 年的兴隆洼遗址、查海遗址，到距今 7200 ～ 6000 年的新乐文化，实际上这一具有特色的文化经过了近一两千年的漫长岁月，发展到了很高的历史阶段。新乐文化遗址中，中小房址的大量增多，带门道的小型房屋的出现，说明社会形态从群婚已发展到对偶婚或更晚阶段；陶器的工艺几乎可与轮制陶器相媲美，陶器细腻精致的做工，纹理布局的完美，都反映出当时已有明确的社会分工；精美的玉串珠，最小者直径仅 5 毫米，中间穿孔孔径仅 2 毫米，可见穿孔技术已经达到了令人惊奇的地步；木雕艺术品的雕刻刀法娴熟流畅，双面刻纹设计大方抽象。以上诸点都可以证明，新乐时期的人类，不但在经济生活上有了很大的发展，并且在精神生活、原始艺术等各方面都有着丰富多彩、辉煌灿烂的文化。那么，这样一个古老夺目的文化，是否发展到沈阳地区就停止或消失了呢？

新乐文化的繁荣是有目共睹的，之后它又像谜一样突然地消失了。关于新乐文明的消失，新乐人后来去了哪里，人们假想了种种原因，但都因证据不足始终停留在假设上——

因为失火？在一处土遗址的西南角还有一片烧土，留下了破碎和火烧过的痕迹。有人说，也许是一场大火毁灭了他们的家园，造成房倒屋塌、森林毁灭，所有的人都逃了出去。

因为水患？新乐遗址位于浑河古道、新开河北岸的黄土高台之上。因此，是否由于雨季造成河水泛滥，这里不再宜于居住，所以新乐人迁徙到其他地方了呢？

因为战争？是否因为邻近部族之间的战争，导致了原本就规模不算庞大的新乐人的消失？

新乐人消失在历史长河中的真正原因究竟是什么呢？

未解之谜三：新乐遗址与查海遗址有关吗？

经鉴定，新乐遗址的绝对年代晚于兴隆洼和查海遗址，其中，新乐遗址与兴隆洼遗址、查海遗址有很大的同一性：从文化内涵上看，新乐遗址有着与查海遗址相类似的陶器器型和纹饰，而查海遗址的文化内涵绝大部分又反映了兴隆洼遗址的某些因素，它们之间有很大的继承关系；从地域上看，3 处遗址都处于辽河中上游地区，呈东西横向发展趋势，正是产生早期古文化遗存的重要地区。那么，新乐文化是否与查海遗址有关呢？

查海遗址和兴隆洼遗址

查海遗址位于辽宁省阜新市阜蒙县沙拉镇查海村西南约 2.5 千米的台地上，发现房址 55 座，还有龙形堆石、墓葬、祭坑等遗迹，出土了大量的石器、陶器、玉器以及动物遗骨和植物碳化物等，经碳 -14 测定并加树轮校正，年代距今约 8000 年，是我国北方辽河流域目前发现的年代最早、保存最完整、文化内涵最丰富的一处新石器时代早期人类聚落遗址。

兴隆洼聚落遗址是“兴隆洼文化”的命名地，该遗址位于内蒙古敖汉旗宝国吐乡兴隆洼村，距今 8200 ~ 7400 年，是我国新石器时代中期唯一对居住址经过全面揭露、布局清楚的一处聚落。出土的器物有陶器、石器、玉器、骨器等。

未解之谜四：玉石、煤精、玛瑙从何而来？

在遗址中出土了一定数量的玉石制品、煤精制品、玛瑙制品。经专家鉴定，玉石原料产自辽宁岫岩，煤精制品原料产自抚顺西露天煤矿，玛瑙原料产自辽宁阜新。但是，从沈阳新乐遗址所在位置，到达上述任何一个地址所在位置都相距遥远，那么生活在新石器时代的新乐人，是如何取得这些原料的呢？

未解之谜五：新乐人的墓葬究竟在哪儿？

新乐遗址历经几次挖掘，只发现了十分零散的新乐上层墓葬，至今都没有出土与新乐文化有关的墓葬实物，这不禁为我们带来了一个令人百思不得其解的谜团：早期的新乐人的墓葬究竟在哪里？难道他们没有墓葬么？可是已知的文明与原始文明的共同点告诉我们，新乐文化应该有墓葬文明，所以，在今后的考古挖掘中，我们将翘首以盼，期待未来有更加激动人心又填补目前空白的发现！

未解之谜六：木雕艺术品是鸟吗？

专家推测遗址出土的木雕艺术品应是一种神像图腾。至于到底所雕为何物，至今说法不一，有鱼、羊、鸟等说法。但是，目前大多数学者认为木雕艺术品与鸟图腾崇拜有关的可能性最大。

第五章 建设与展望

新乐遗址是全国重点文物保护单位、全国著名新石器时代文化遗存。以新乐遗址为依托建立的沈阳新乐遗址博物馆是东北地区重要的史前遗址博物馆，这里被评为省、市爱国教育基地，国家二级博物馆，国家AAA级景区。自建馆以来，沈阳新乐遗址博物馆充分发挥研究、宣传、保护、管理的职能，得到了专家学者的一致认可。

辟地建馆 遗址保护

在第一次新乐遗址学术讨论会与会专家学者的呼吁和科学论证后，沈阳市人民政府于 1982 年 7 月 21 日下发文件，正式公布新乐遗址为市级重点文物保护单位，并划定了新乐遗址的重点保护区、一般保护区和文物保护控制地带等。

筹备建馆

为了更好地保护遗址、宣传新乐文化，1984 年 5 月，新乐遗址文物管理所正式组建；1984 年 7 ～ 9 月，沈阳新乐遗址博物馆南部展厅工程竣工；1984 年 10 月 1 日，沈阳新乐遗址文物管理所对外开放。博物馆占地面积 9600 平方米，展厅面积 860 平方米，为单体单层建筑尖顶双坡马架式仿古建筑，寓意为半地穴式史前建筑。 1986 年，新乐遗址文物管理所正式更名为沈阳新乐遗址博物馆。

原新乐遗址博物馆

新乐遗址复原全景

沈阳新乐遗址博物馆正门

沈阳新乐遗址博物馆说明碑

2009 年，沈阳新乐遗址博物馆实施基础设施改造，博物馆文物展厅迁至遗址区东北角的平层建筑内，陈列展览《沈阳历史的源头》经重新设计、布展后对外开放。博物馆展馆建筑面积 556 平方米，主要展出新乐文化出土的 221 件 / 套文物。

2013 年，博物馆在上级组织的领导下重新进行规划，将博物馆 3 层主楼一、二楼设为文物陈列厅和临展厅，展厅面积 2000 平方米，展出文物 370 余件。文物陈列经过 1984 年、1997 年、2011 年、2013 年、2017 年多次调整，形成了现在的展览风格。在内容设计上，一层展示以沈阳历史的源头为展标，从制石烧陶、火耕采集、围兽渔猎、繁衍生息等不同角度，全面展示新石器时代中期活跃在沈阳地区先民的物质和精神生活。展览内容设计分为以下 8 个单元：日出而作 、渔猎荒泽 、河畔而居、凝土成器、鸾凤歌舞、远古华装、玄妙莫测、心灵之声。二楼展厅的内容为新乐遗址出土的偏堡子文化和新乐上层文化。第一部分偏堡子文化内容涵盖文化源流、聚族迁徙。偏堡子文化因最早发现于沈阳新民市偏堡子遗址而得名，

新乐遗址博物馆展厅（一楼）

新乐遗址博物馆展厅（二楼）

是辽河平原地区继新乐文化之后的新石器时代晚期考古学文化；第二部分展示新乐上层文化青铜时代的遗存，涵盖遗址分布、聚落形态、墓葬习俗、文物荟萃等内容。因它们见于遗址的上部土层中，故被命名为新乐上层文化，是下辽河流域东部最早被识别的青铜时代考古学文化。

基本陈列展览——《沈阳历史的源头》

《新乐遗址出土偏堡子文化、新乐上层文化文物展》

博物馆建设大事记

1973 年春，北陵乡政府水稻技术员孟方平发现该遗址中最早的出土文物。

1978 年，正式对 2 号房址进行了发掘。

1980年7月至1981年4月下旬，进行抢救清理发掘，实际清理发掘面积共计1340平方米。

1982 年 7 月 21 日，沈阳市人民政府公布新乐遗址为重点文物保护单位。

1983 年和 1988 年，分别对遗址东区和西区进行清理发掘。

1984 年 5 月，新乐遗址文物管理所正式组建。

1984 年 7 月至 9 月，博物馆南部展厅工程竣工，对外开放。

展示七千二百年前"沈阳人"生活原貌

新乐遗址展览厅向游人开放

本报讯 新乐遗址展览厅，经过三个多月的紧张施工，已初步落成。九月八日上午，举行了开幕典礼，展览厅的一号展室、序厅壁画和二号房址，同时对外开放。

省人大常委会、省政府、省政协和市人大常委会、市政府、市政协的领导及省、市各界代表共二百余人参加了开幕典礼。

新乐文化遗址发现于一九七三年。经过十年清理、发掘，共清理出十一处房址，获得各种文物（高足钵、长腹陶罐、木雕艺术品等）一千多件（这次展出二百零五件）。经碳一14测定，都是大约七千二百年前的文物。这些文物制作精美，具有独特的风格，充分显示了七千二百年前"沈阳人"的聪明才智。新乐文化遗址是研究东北地区古代文化起源、发展序列和分布状况的中心环节，具有重要的历史、艺术和科学价值。然而，由于一些人的愚昧无知，致使新乐遗址在一九七八年遭受到人为的破坏，损失无法估量。一九八二年，市人民政府确定新乐遗址为重点文物保护单位。最近国务院确定新乐遗址为第三批国家重点文物保护单位。

新乐遗址展览厅的设计，是仿原始巢居、穴居形状的。由两个梯形建筑和两个三角形建筑构成一个建筑整体。造型古朴、独特、美观。它是由中国建筑东北设计院设计、由省第二建筑公司施工的。全部建筑面积为八百二十二平方米。从设计到落成，仅用了四个月时间。（闵 发）

刚落成的新乐遗址展览厅，接待了一批又一批的观众。

图为新乐遗址展览厅的正门。王志杰摄

开馆报道

1986 年，新乐遗址文管所正式更名为"沈阳新乐遗址博物馆"。

1988 年，辽宁省政府公布新乐遗址为省级重点文物保护单位。

1991 ～ 1993 年，新乐遗址进行第四次大规模发掘。

1992 年重点保护区发掘现场

1993 年 8 月 26 日，国家文物局文物鉴定委员会将新乐遗址出土的 14 件文物定为一级文物。参加鉴定的有耿宝昌、杜迺松、杨伯达等人。

1994 年，北部遗址区进行原始建筑复原展示并对外开放。

1998 年 3 月，展厅重新更换陈列。

2000 年 9 月，全国史前遗址博物馆专业委员会第三次学术研讨会在沈阳新乐遗址博物馆召开。

2001 年 6 月，国务院公布新乐遗址为第五批全国重点文物保护单位。

2005 年 11 月 23 日，沈阳新乐遗址博物馆被评为国家 AAA 级旅游景区。

2013 年 5 月，沈阳新乐遗址博物馆成功通过国家二级博物馆评估，跻身于国家二级博物馆行列。

2013 年 7 月 27 日，沈阳新乐遗址博物馆首次向社会开放模拟考古发掘实践，并举行了“我与新乐”系列征文颁奖活动。

2014 年 5 月 1 日，沈阳新乐遗址博物馆一楼新基本陈列《沈阳历史的源头》对外开放。

2014 年 5 月 6 日，沈阳新乐遗址博物馆申报的《沈阳历史的源头——新乐遗址》陈列展获得了沈阳市第一届博物馆十大精品陈列奖及最佳制作奖。

2014 年 6 月 14 日，为纪念新乐遗址发现 41 周年和沈阳新乐遗址博物馆建馆 30 周年，以及我国第九个文化遗产日的到来，我馆举办了“纪念 2014 年文化遗产日暨沈阳新乐遗址博物馆新基本陈列开幕式、新乐文化学术研讨会”。

纪念新乐遗址发现 41 周年、建馆 30 周年学术研讨会开幕式

2014 年 6 月至 11 月，沈阳市文物考古研究所在新乐遗址对未发掘区域进行第五次补充考古发掘。

2014 年 8 月 31 日，由沈阳市文物局主办，沈阳新乐遗址博物馆、沈阳市文物考古研究所、沈阳晚报联合承办的“考古现场零距离”主题公众考古活动正式开启。

2017 年 5 月 18 日，二楼新基本陈列展览《新乐遗址出土偏堡子文化、新乐上层文化文物展》对外开放。

"新乐文化"命名

为进一步确定新乐遗址的历史价值和学术地位，辽宁省考古学会、辽宁省博物馆学会、沈阳市文物管理办公室于1982年7月5～8日在沈阳联合召开了"新乐遗址学术讨论会"。参加这次会议的有京、津、陕、冀、吉及辽宁省内各地市的专家、教授和考古工作者60余人。

与会的专家学者参观了新乐遗址出土的文物和抢救清理发掘的遗址现场，并展开热烈的讨论和相关文化的学术交流。考古专家曲瑞琦先生做的题为《试论新乐文化》的学术报告，概述新乐遗址的基本特征和文化内涵，论述新乐遗址上、中、下3层文化相互关系，以及与周边地区细石器诸文化遗存的关系，并提出了"新乐文化"的概念及与新乐文化相关的几个问题。于崇源先生也做了新乐遗址发掘情况的介绍。

与会专家学者一致认为：新乐遗址的下层文化类型具有独特的文化内涵，能明确地与周边已有诸文化类型分别开来，并有一定的分布区域，已完全形成了一种新的文化类型，将其定名为"新乐文化"。这一文化类型被国家文物局出版的《文博基础纲要》教材收编，列为东北地区新石器时代最早类型遗址范畴。

"新乐文化"这一新的考古学由此确立，也成为辽河流域新石器时代重要的考古学文化。

人类所有的历史正是一部文明进化史，考古发现能使我们更加直接地研究历史原貌，并与文章印证，得出更准确的结论。现代的科学研究手段与方法，甚至可以直追地球的形成和生命的起源，从而观览人类发展的足迹与成就。我们现在将考古挖掘出的原始遗存用文化命名，通过大量未见史记的遗迹文物来鲜明生动地展示原始人的文化创造和时代精神，拨开远古时期的迷雾，层层递进地拼凑还原那遥远的文明。

研究宣传 发挥职能

为进一步推动新乐文化的学术研究，沈阳新乐遗址博物馆与中国博物馆协会史前遗址专业委员会，联合举办新乐文化学术研讨会。共同围绕“新乐文化的研究”“史前遗址博物馆的管理、保护、研究、利用”“遗址保护及研究经验交流”等内容题材进行探讨和交流，积极吸收国内外最新研究成果，编辑出版了与新乐文化相关的刊物。

2000 年举办的全国第三届史前遗址博物馆学术研讨会

2014 年是新乐遗址发现 41 周年、新乐遗址博物馆建馆 30 周年。为进一步推动新乐文化的学术研究，新乐遗址博物馆与中国博物馆协会史前遗址专业委员会，联合举办了新乐文化学术研讨会。

2019 年 6 月 17 日，由沈阳博物院（沈阳故宫博物院）、吉林大学考古学院主办，沈阳市文物考古研究所、沈阳新乐遗址博物馆共同承办的“《新乐遗址发掘报告》首发式暨东北新石器考古学术研讨会”在沈阳召开。新乐遗址从 1973 年开始考古发掘，至今已 40 余年。《新乐遗址发掘报告》的出版，凝聚了几代考古人和博物馆人的努力。报告编写历时 6 年，共分 8 章，详尽记录了新乐遗址的发掘经过、遗迹和遗物，并对该遗址所代表的考古学文化进行了详细的阐述。该书的出版为研究新乐遗址从新石器时代至青铜时代考古学文化的内涵提供了系统的资料，对探讨东北地区考古学文化谱系和聚落形态提供了实物证据，具有重要的学术价值。

《新乐遗址发掘报告》首发式

走出去，引进来，让文物活起来

党的十九大报告提出“坚定文化自信，推动社会主义文化繁荣兴盛”，让收藏在博物馆里的文物“活”起来，把文物藏品所承载的灿烂文明和历史智慧展示给观众。为了加强馆际交流，沈阳新乐遗址博物馆的“辽河畔史前文明之花——新乐遗址”临展先后走进西安半坡博物馆、萧山跨湖桥遗址博物馆、余姚市河姆渡遗址博物馆、福建省昙石山遗址博物馆等单位，展览扩大了沈阳新乐遗址博物馆的影响力，让新乐遗址这张沈阳的名片被更多的人认识和熟知。

临展走进河姆渡遗址博物馆

临展走进保山市博物馆

临展走进昙石山遗址博物馆

为了丰富展览内容，沈阳新乐遗址博物馆还引进了不同题材的临时展览，以更好地满足广大观众的参观需求。近几年，与周口店北京人遗址博物馆共同举办了《周口店遗址巡展——走进新乐》，与西安半坡博物馆举办了《最后的原始人风情展》，与福建省昙石山遗址博物馆、南平市博物馆举办了《建盏——寻味千年造盏工艺展》，与余姚市河姆渡遗址博物馆举办了《黄金稻现——河姆渡文化特展》等。

引进《周口店遗址巡展——走进新乐》

引进北京京御绣文化艺术发展有限公司临展《锦绣组绮 精美天下——京绣珍品展》

引进四川凉山彝族奴隶社会博物馆临展《一步跨千年——凉山彝族奴隶社会形态展》

宣教活动

博物馆肩负着重要的社会教育功能，不仅要收藏、保护、研究，还要向公众进行展示。沈阳新乐遗址博物馆以社会教育和服务为宗旨，组织了丰富多彩的宣教活动：举办了公益讲座、流动展板进学校、进社区，推出了具有史前遗址博物馆特色的模拟考古发掘，以及原始手工制陶等项目，通过模拟互动体验式的科学教育形式，不仅让参观者学习了历史知识，也培养了人们对历史和文物的兴趣，感受到中华传统文化的魅力，受到公众的普遍欢迎。

模拟考古发掘

流动展板进校园

原始手工制陶

2013 年 7 月，我馆首次举办模拟考古实践开放日活动，30 多名小学生和家长来到模拟考古现场参与活动。吉林大学边疆考古研究中心暑期班的 37 名师生在模拟考古现场，为考古爱好者讲授考古发掘的知识。

加拿大西蒙菲沙大学的丽萨教授、杨东亚教授，中国考古学会副理事长郭大顺先生，吉林大学国家社科基金重大项目负责人朱泓教授，吉林大学边疆考古研究中心成璟瑭教授等，对小朋友提出的问题进行了现场解答。

专家学者为学生们答疑解惑

未来展望

新乐遗址在 2001 年被国务院公布为第五批全国重点文物保护单位。为真实、完整、科学地保护文物遗址及其周边环境，确保文物历史价值、社会价值能够传承延续，经过国家文物局批准立项，编制了新乐遗址文物保护规划。

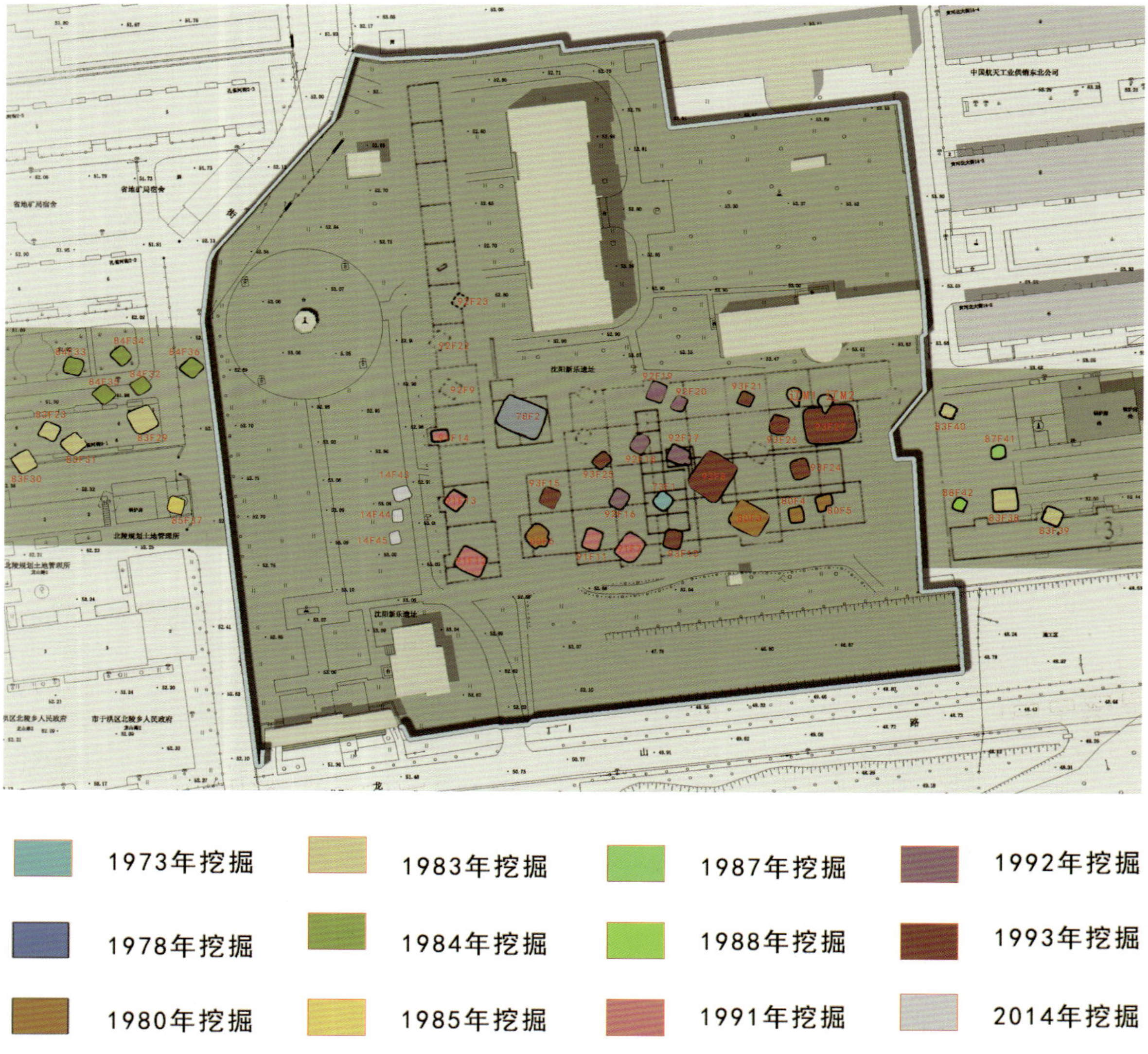

遗址发掘年代图

新乐遗址规划理念是资源整合、互利共赢，使新乐遗址走出深巷、面向干道，同时为遗址加顶，利于保护。将新乐遗址主入口改在黄河大街一侧，增加新乐遗址的可识别性，提升其社会影响力。将现状新乐遗址博物馆东侧用地规划为文化设施用地，建设新乐遗址博物馆、增加遗址的展览面积，以全面展示、弘扬沈阳的历史文化，增加城市文化底蕴。

规划对遗迹进行室内集中露明展示，体现新石器时代人类聚族而居的生活特征，并起到对遗址更科学的保护与展示作用。规划新乐文化体验区，以增加遗址区域的趣味性与体验性，提升新乐遗址的吸引力。同时，解决目前参观游线混乱的问题，打造出博物馆参观—遗址参观—文化体验的游览路线，让人们走进博物馆感受历史文化的熏陶，实现社会效益与经济效益共赢。

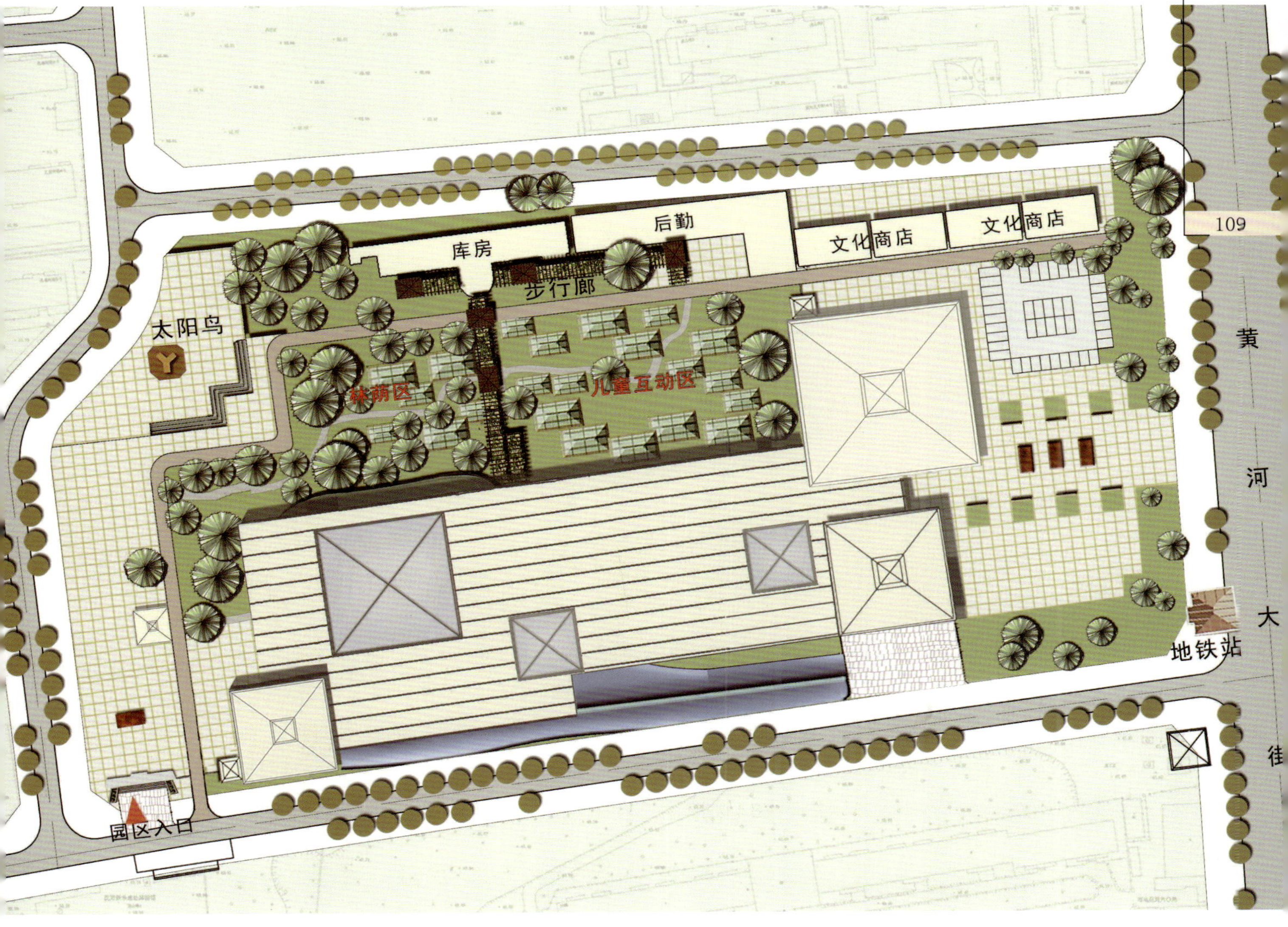

新乐遗址博物馆规划

新乐遗址博物馆鸟瞰图

新乐遗址房址复原区